KGBスパイ式
記憶術

デニス・ブーキン、カミール・グーリーイェヴ［著］
岡本麻左子［訳］

SPY SCHOOL

Denis Bukin,
Kamil' Guliev

水王舎

SPY SCHOOL - TRAIN YOUR MEMORY LIKE THE KGB
by Denis Bukin and Kamil' Guliev

first published by OOO Alpina Publisher, Russia, in 2014
Published by agreement with the Kontext Agency through Japan UNI Agency, Inc., Tokyo

はじめに

おめでとう。この文書を読んでいるということは、諸君はスパイスクールに入学を認められたということだ。

「スパイ」と聞くと、ペン型レーザー銃やライター爆弾のような小道具を思い浮かべる人がほとんどだろう。しかし、スパイの装備で最も重要なものは、スパイ本人の頭脳だ。なかでも記憶力はスパイの任務に欠かせない。どんな記録を残すことも許されない極秘任務の場合、諜報部員が頼れるのは自分の頭脳のみ。膨大な情報を完全に記憶して正確に再現できなくてはならない。

本書では、記憶力を鍛え、思考を研ぎ澄ます方法を、さまざまな演習をとおして学んでもらう。この演習は長年かけて作り上げられ、ロシアで一流の諜報部員の養成に使用されているものだ（※）。

映画の世界とは違い、現実の諜報活動とは情報を扱うことにほかならない。小さな情報のかけらを集めて全体像を再構築すること。それが諜報部員の仕事であり、このスパイスクールで諸君に挑戦してもらうことである。極限の状況で実際に真価を発揮してきたスキルを諸君も身に付け、自分の頭脳の可能性を大きく羽ばたかせてくれたまえ。

※本書の登場人物はすべて架空である。実在の人物との類似点があったとしてもまったくの偶然にすぎないが、本書に登場する出来事は実話に基づいたものである。また、本書で取り上げたデータはすべて公開されている資料から引用したものである。

［目次］

Contents

– Chapter One –

– Chapter Five –

第5章　工作員

記憶力テスト①〜⑲の解答は356頁にあります。

序章 スパイへの道 Prologue

本書はスパイがキャリアを積んでいく段階に応じて章が構成されている。章を追うごとに、新米スパイから二重スパイへ、簡単な任務から極めて危険で複雑な任務へと、諜報部員養成スクールの全段階を進んでいくことになる。

全編をとおして、ある防諜作戦のストーリーが展開し、さまざまな文書と主人公の日記によって、そのストーリーが語られていく。随所でストーリーに関する問題（記憶力テスト）が出題されるので、できる限り記憶しながら読み進めてほしい。

いずれの段階も、記憶方法についての説明を読んだうえで、課題（「演習」「脳のトレーニング」）に取り組むようになっている。最初のほうの課題は簡単に思えるかもしれないが、段階が進むにつれて難易度が上がっていく。簡単な課題であっても、そこで使うテクニックや手法をしっかり学ぼう。指定されたテクニックを使わずに課題をこなせても、課題はどんどん難しくなっていく。だから、最初から指定のテクニックを使うようにしてほしい。最初に手っ取り早く済ませると、後でもっと時間がかかることになってしまう。

本書の課題には2つのタイプある。1つは、本書を読みながらその場ですぐに取り組むタイプの課題だ。これは何度も繰り返ししてしっかり身に付けてほしい。進み具合はノートなどにすべて記録しておこう。完全にクリアできなかったものは使うテクニックの説明をもう一度よく読み、課題の難易度を低くして何度かやってみるとよいだろう。もう1つのタイプの課題は、本書を開かなくても、休暇中、スーパーのレジに並んでいるとき、通勤中など、さまざまなシチュエーションで取り組めるものだ。

最初から課題を完璧にできなくても心配はいらない。人は限界に挑戦するときにこそ最も多くを学べるのだ。脳は筋肉のようなものだが、ほとんどの人はそのごく一部しか使っていない。脳はどんどん使って鍛えていこう。地道に鍛えれば、自分だけでなく傍目にもわかる成果が必ず現れてくるだろう。

選挙前の乱闘事件

１９５４年12月10日、アルゼンチンのブエノスアイレスで、ただならぬ出来事が発生した。ペロン党（正義党）候補者ガルシア・プゲセが有権者を集めて開いた選挙前集会でのことだ。この手のイベントではお決まりの、候補者の自己紹介スピーチで始まった集会は、最終的に大規模な乱闘事件に発展した。社会主義者に立ち向かおうというプゲセの呼びかけが、言葉どおりに受け取られたのだ。

集会が開かれた映画館を出た約３００人の参加者は、スローガンを叫びながら社会党選挙事務所本部へと向かった。暴徒と化した群衆は農耕具や石、棒切れを手に、窓を破り、什器を壊し、人々に襲いかかった。病院に運ばれた数名の党員のなかには社会党候補者のガブリエル・アクリティッソも含まれていた。

この乱闘で、警察は数名を短期間勾留したものの、それ以外はほとんど介入しなかった。勾留された数名は乱闘への関与を否認しているが、驚いたことに、選挙集会には興味本位で行っただけで、なぜ逮捕されたのかわからないと話している。乱闘はまるで集団ヒステリーのようで、前触れなく始まり、唐突に終わった。

観測筋はペロン党が選挙に勝つ可能性が高いと見ている。このところ、ペロン党の選挙戦を支えているのはドイツのファシスト政府に仕え、1945年春の第三帝国崩壊後にヨーロッパから逃れてきたドイツ人コンサルタントだという噂があるが、それにもかかわらずペロン党の支持率は低下していない。

シモノフの日記

1年が終わろうとしている。今年を振り返って、どんな年だったか考えてみるとしよう。スペイン語を除いては、退屈としか言いようがない1年だった。スペイン語の勉強は、あんまり退屈だから、何かやることがないかと始めただけだ。学問としての心理学には飽き飽きしている。学部長室の仕事も退屈だ。私生活も変わり映えがしない。

大学院に行けばよかった。来年また挑戦してみようか。

1954年12月12日

(アンドレイ・シモノフの日記から抜粋)

部外秘

ソビエト社会主義共和国連邦　ＫＧＢ
第２総局　局長殿

１９５４年12月１日付ＫＧＢ指令「不適格で任務の遂行が不能な職員の解任に伴う代替要員の採用について」に従い、学問的・芸術的インテリ層における諜報部隊の強化を目的として、モスクワ大学職員のなかからエージェント（協力者）を採用する準備を行いました。以下の者の勧誘および採用をご承認ください。

1. エフゲニー・ペトロビッチ・イワノフ（１９３１年生まれ）
2. エフェナ・バシリエフナ・イリーナ（１９２９年生まれ）
3. アンドレイ・ニコラエビッチ・シモノフ（１９３０年生まれ）

以上の者の経歴を添付しています。

１９５４年12月15日

第２総局　第９課　副課長
中佐　N・V・イリン

候補者プロファイル

アンドレイ・ニコラエビッチ・シモノフ
１９３０年、レニングラードで生まれる。

父：ニコライ・マトヴェーヴィチ・シモノフ。１９０２年生まれ。労働者。現在はレニングラード港にて蒸気式タグボート「マイナー号」技術者。前線の兵役を免除。
母：オルガ・シモノフ（旧姓イワノバ）。１９１０年生まれ。労働者。現在はレニングラード港にてクレーン操作員。

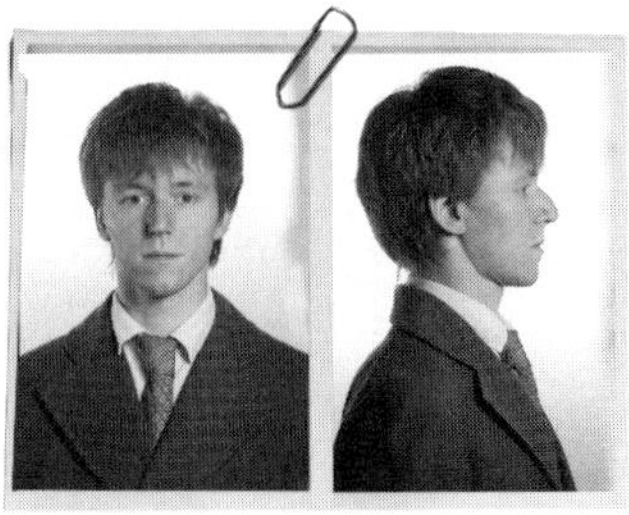

レニングラード第１２０高等学校で学ぶ。１９４８年に卒業後、モスクワ大学哲学部心理学科に入学。１９５３年に優秀な成績で卒業し、大学院への推薦を受ける。Ａ・Ｒ・ルリヤ教授の指導のもと、卒業論文「捜査および裁判における証言の真実性を確立する精神生理学的手法」を執筆。

研究と実地経験を優先し、大学院進学と執筆活動を延期。現在は哲学部長室に秘書として勤務。共産青年同盟に所属。モスクワ大学教員はシモノフを専門家として将来有望と見ている。ただちに大学院に進学しないというシモノフの決断は、理解をもって受け入れられた。

ＫＧＢにとって関心の対象は、シモノフが持つ、哲学部心理学科の教員および学生とのつながりである。今後、シモノフが情報を得られる機会はさらに拡大するだろう。知能、記憶力に優れ、有能。穏やかで情緒は安定。社会的問題なし。ドイツ語堪能。趣味はスポーツ。フットボールの試合に参加。

精神生理学、催眠、社会心理学に関心あり。

未婚。

勧誘にはイデオロギー的・政治思想的な働きかけが効果的と思われる。

第2総局　第9課　副課長
中佐　N・V・イリン

1954年12月5日
モスクワ

記憶力を高める

私たちは自分の記憶力を100%使っているわけではない。そもそも、記憶力の限界がどの程度なのかさえ、わかっている人はほとんどいないのだ。

いくつか例を挙げよう。ロシアの画家ニコライ・ゲーは、モン・プレジール宮殿の一室を一度見ただけで、バロック様式の室内装飾を細部まで描くことができた。

モーツァルトは、一度聴いただけの曲を複雑な楽譜に書き起こすことができた。グレゴリオ・アレグリ作曲の「ミゼレーレ」を一度聴いただけで、それまでバチカンが門外不出としていたこの秘曲を、誰もが聴けるものにすることができたのである。このとき、モーツァルトはわずか14歳だった。

ウィンストン・チャーチルはシェイクスピアの作品をすべて暗唱し、演説に引用していた。

1960年、ハンガリーのチェス棋士ヤーノシュ・フラッシュは、同時進行で52ゲームの対局を行った。ゲーム中にチェスボードを一切見なかったにもかかわらず、13時間以上に及んだ対局が終わったときには52ゲームの駒の動きをすべて記憶していた。

これはなにも、並外れた記憶力を持つ天才に限ったことではない。ある実験で、ごく普通の人たちに1万枚のスライドを見せたあと、何枚覚えているかをテストしたところ、被験者は80％の正解率で画像を認識していた。奇抜な画像や鮮やかな画像を使って実験した場合は、正解率が100％近くまで向上したという。

以上から、次のことが言える。

①人間の記憶力で主に問題となるのは、情報を記憶できるかどうかではなく、記憶した情報を必要なときに呼び出して再現できるかどうかだ。記憶力がよくなる素質は誰にでもある。その素質を開花させるには、さまざまなテクニックの習得が必要だ。

②人間の脳は視覚的イメージを記憶するのが得意である。そのため、情報を記憶するためのテクニック（記憶術）は、ほとんどが抽象的な言語情報や数値情報を想像力によって視覚的イメージに変換するという手法を用いている。

記憶力テスト①

アンドレイ・ニコラエビッチ・シモノフが生まれた年は？

A　1929年

B　1930年

C　1932年

D　1928年

短期記憶から長期記憶へ移行させる

現代の心理学では、記憶は感覚記憶、短期記憶、長期記憶の3種類に大別される。感覚記憶は、五感（視覚、聴覚、触覚、嗅覚、味覚）による直接的な知覚情報が、その情報の元となる刺激の消失後も保持されるものである。感覚記憶の持続時間は短く、人が知覚情報の印象を維持できるのは0・5秒以下とされている。しかし、感覚記憶は極めて重要であり、人はこの感覚記憶を介して自分を取り巻く世界と関わりを持っている。感覚記憶があるからこそ、私たちは映画で次々に映し出される画像を連続した動きとして認識できるのである。

注意を向けるに値する情報は感覚記憶から短期記憶へと移行し、数分から数時間の間そこで保持される。短期記憶が使われるのは、電話番号を書き留めるペンと紙を探している間、頭のなかで番号を繰り返しているときなどである。

重要な記憶は短期記憶から長期記憶へと移行し、何年もの間保持される。通常、情報が長期保存される過程は無意識に発生する。大事なことは忘れているのに、とっくに忘れていそうな些細なことをよく覚えていたりするのはそのためだ。だが、情報の長期保存を意識的に行えるようにする方法がある。

本書では、短期記憶と長期記憶の両方を鍛え、意識的に情報を短期記憶から長期記憶へ移行させる方法を学んでもらう。

一流のスパイには、見聞きしたことのなかに重要な情報があれば、どんなに小さなことでもそれに気付き、その情報を既に知っていることとリンクさせて解釈できる能力が不可欠だ。つまり、諸君がこれから記憶力を鍛えるにあたってまず必要なのは、物事に気付く注意力と、その情報を既に知っていることに関連付けられる想像力だ。それが記憶力訓練プログラムの第一段階である。

注意力を鍛えると

注意力とは、情報を選択的に認知し、必要なことだけ見聞きして、余計なことは無視できる能力だ。雑音のあるところでも読書に集中することはできる。関係のない音は無視して文章を認知できるからだ。集中することで記憶すべきことのニュアンスや細かな点に焦点をあてられるし、あらゆることに等しく注意を払って脳がオーバーヒートするようなこともない。

注意力を鍛えると何が違ってくるのだろうか。それは注意力をコントロールできるようになるということだ。瞬時に集中したり、1つのことに対する注意力を必要に応じて長時間持続させたり、次の行動に移ったらすぐ次のことに注意を向けることができるようになるのだ。

■演習①■注意力をコントロールする能力を鍛える

1つのことに長時間集中するのは意外と難しいものだ。目の前にあるもの、例えば腕時計をじっくり観察してみたまえ。細かい部分まですべて観察するのだ。文字盤も表面の傷も、くまなく調べよう。すべてを観察したと思っても、そのまま続けて何か新しいものを探すのだ。

数分もすれば、その腕時計に集中するのが難しくなってくるだろう。ふと気付くと思考は腕時計から離れ、そこから連想した何か他のことを考えているはずだ。例えば、腕時計を見て集中しようとしていたのに、11という数字を目にして午前11時の重要な会議を思い出す。次に思考は会議に同席する同僚のことに移り、さらにその同僚が話していた本のことを考えて……腕時計のことは忘れているのだ。

では、この連想をさかのぼってみたまえ。いま考えていたことまで、腕時計からどのようにたどり着いたかを思い出すのだ。連想の流れをさかのぼって腕時計まで戻り、観察を続けたまえ。まず考えていた本のことを思い出し、それを持っている同僚のこと、そして出席する会議のこと、会議の時間が午前11時だということを思い出す。その時間が文字盤の11という数字から連想したものだということ、それが腕時計の文字盤だということを思い出すのだ。
この、連想がたどった流れをさかのぼる練習を行うことで、注意力をコントロールする能力を鍛えることができるのだ。

記憶力テスト②

有権者が襲撃したのは、どの選挙事務所本部だっただろうか?

A　急進党
B　共産党
C　社会党
D　ペロン党

部外秘

文書番号67s

アンドレイ・ニコラエビッチ・シモノフ（1930年生まれ）の勧誘および採用を承認する。

同エージェントがCHIS（密告者）の任務を遂行できるかテストすること。

KGB第2総局 局長

中将 P・V・フェドトフ

ソビエト社会主義共和国連邦

1954年12月17日

モスクワ

情報をグループ化してみる

注意力の大きな特徴だが、普通の人が一度に処理できる情報（単語、数字、物、アイデアなど）の数は「7±2」、つまり5〜9個が限度といわれている。

この数を超えるのはほぼ不可能だが、この制限をうまく超える方法がある。情報をグループ化するのだ。例えば、＋74955789941779という電話番号には情報が12個あるが、＋7（495）789 41 79とグループ化すれば5個になる。さらに、＋7（495）はロシアのモスクワの市外局番だと知っていれば、4個にまで減らすことができる。

この5〜9個まで情報を処理できる能力を、100％活用できるようにしよう。この記憶力訓練プログラムで注意力を鍛えてくれたまえ。説明に従って毎日のように練習すれば、すぐに成果が現れるだろう。ソ連軍訓練規定の「兵士たるもの、不動の精神と勇気を持って、兵役のあらゆる苦難を耐え抜くべし」という言葉を心に留めておいてほしい。

■演習②■2つの課題に同時に取り組む

2つの課題に同時に取り組むことで、注意力を切り替える能力を強化できる。2冊の本を、段落ごとに取り替えながら読んでみたまえ。ラジオなら2つの局を数秒ごとに切り替え、同時に2つのニュース番組を聴くとよい（この場合、聴きもらした情報は文脈から補いながら聴くようにしてみよう）。2つのテレビ番組を観るのもよいだろう。

ただし、調子に乗りすぎてはいけない。同時に複数の課題に取り組めば注意力を鍛えるよい訓練になるが、一度に多くのことを同時進行させるのは課題遂行の点では効果的なやり方ではない。

脳のトレーニング① シュルテ・テーブル［5×5］

シュルテ・テーブルという表を使うと、周辺視野、注意力、セルフコントロール、集中力など、精神的知覚を鍛えるスピードを上げることができる。

表は縦横5×5マスから成り、それぞれのマスに1から25の数字がランダムに配置されている。諸君の課題は1から順番に数字を見つけていくことだ。

視線をあちこちのマスに動かしてはいけない。数字を声に出したり、頭のなかで唱えたりするのもやめたまえ。表の中心のマスに視線を固定し、周辺視野だけを使って数字を探すのだ。最初は難しいが、諦めずに続けてほしい。このスキルを身に付けると、観察や速読といった、さまざまな作業で役に立つだろう。

20	2	16	9	18
12	24	17	14	1
19	21	10	15	5
22	4	8	3	23
25	13	7	6	11

この先も度々右の表に戻って練習を重ねたまえ。しだいに頭のなかで表を視覚的にイメージできるようになる。訓練するうちに、この課題は12〜15秒か、それ以下でできるようになるだろう。

シモノフの日記

長い1日だった。もうすぐ期末試験だから学部長室は大忙しだ。学生と教員もまたしかり。書類は山高く積まれている。

今夜、家に帰る途中、KGBに勧誘された。僕は何の気なしに、通りすがりの男と言葉を交わした。見た目は普通の研究者タイプ。背が低くずんぐりした体格で、グレーのトレンチコートを着ていた。

するとその男はいきなり僕を名前で呼んで、「我々を手伝ってくれないか？」と言った。誰を手伝うように言われているのかわかったときには、すぐに断った。なのにどういうわけか、いつの間にか話がそこに戻っていた。僕はその男に丸め込まれたわけでもなければ、脅されたり操られたりしたわけでもないのだが。

男の話によると、その仕事なら僕が大学で学んだことが活かせるらしい。「優秀な心理学者が必要だ」と言っていた。しかも、僕が勧誘されているのは防諜活動だ。外国のスパイを捕まえるのは意味のある仕事に思える。同じ実験や調査を来る日も来る日も繰り返すより意味があるし、学部長室の事務よりはるかに意味がある。結局、グレーのトレンチコートの男には、考えてみる、と約束して、また連絡をもらうことになった。

別れ際、男はこの会話のことは誰にも話さないようにと言った。自分のことも一切記録に残さないように、と。でも僕はその指示は守っていない。もしかしたら、僕はもともとスパイに向いているのかもしれない。この日記も10年間つけているのに誰にも見られたことがないのだから。

1954年12月19日

トリックで注意力をコントロール

生産的に仕事を進めるには自分の注意力をコントロールできなくてはならないが、他人の注意力をコントロールする方法もある。それができれば、その相手をコントロールすることも可能だ。

注意力は暗闇の一部分だけを照らすスポットライトに例えることができる。相手に注目させたい部分にライトをあてることで、見せたいものを見せ、見せたくないものを隠すことができるのだ。手品のトリックや曲芸もすべて、観客の注意を誘導するテクニックがベースとなっている。手品師が大袈裟な動きをしたり、色鮮やかなリボンやスカーフ、火、爆発物などを使うのもこのためだ。

他国の防諜機関の監視下で任務にあたることの多い諜報部員も、これと同じようなことを行っている。ある女性エージェントは所持品検査を受けた際、荷物を開きながら気軽な調子で警察官の1人にナプキンの入った袋を持っていてくれるよう頼んだ。警察官らは荷物を徹底的に調べたが、怪しいものは何も見つからなかった。このエージェントが運んでいた機密文書はナプキンの間にはさまれていたのだ。

動作を怪しまれないようにするトリックもある。ある動作を複数の動きのなかに紛れ込ませ、一つひとつの動作は何の問題もないように見せるのだ。例えば、気付かれないように何かを拾うとしたら、その前で立ち止まり、バッグを開けて手袋を取り出す。片方の手袋を落とし、それを拾おうとかがんで、今度はハンカチを落とす。そこで拾いたかった物と手袋を拾い、ハンカチは地面に落としたまま、その場を立ち去る。目撃者が気付くのは、いろいろな物を落として拾ったということだけだ。気になるのは残されたハンカチであり、ドジな人間を装うことで疑いも持たれない。物をいくつ落としたとか、どれを拾ったかということは、誰にも気付かれないのだ。

動作を「紛れ込ませる」トリックは、気付かれないようにカフェで誰かにノートを渡すというような場合にも有効だ。カフェで席に着き、ブリーフケースからノートを取り出す。話しながらノートを開く。何かを書き込み、ノートを脇に置いて話を続ける。しばらくして立ち上がり、手袋をテーブルに置く。コートを着てから手袋を持ち、店を出る。テーブルに残されたままのノートは、ゆっくりコーヒーを飲み終えた仲間が持ち去るというわけだ。

秘密保持契約

私、アンドレイ・ニコラエビッチ・シモノフは、自らの自由な意志によって、国家保安委員会に協力することに同意します。私は、自らの任務を誠実に遂行すること、自らの任務を秘密に保つこと、秘密を守ること、任務のなかで取得した情報を一切漏らさないことを約束します。

A・N・シモノフ

1954年12月19日

極秘

エージェントのＡ・Ｎ・シモノフ（１９３０年生まれ）を暗号名「シモニデス」とし、諜報部員養成コースへの参加を認める。

第２総局 第９課 副課長
中佐 Ｎ・Ｖ・イリン

１９５４年12月20日
モスクワ

作業記憶の容量を確認する

記憶には感覚記憶、短期記憶、長期記憶があると前述したが、それとは別の分類で作業記憶というものがある。作業記憶はただちに処理する情報を一時的に保持するものであり、他の作業に移ると同時に、保持されていた情報がすべて消去されるという大きな特徴がある。

最近の研究で、作業記憶の容量は知的レベルに密接に関係していることがわかっている。明らかに、作業記憶に保持できる情報量が多い人ほど、関連性に気付いたり新しい知識を生み出す能力が高い。これはIQテストで測定できる能力である。作業記憶は注意力にも関係しており、作業記憶の能力が高いほど、多くのことに同時に注意を向けることができる。

ここで大事なことは、平均的な人の作業記憶の容量は5〜9個の情報を保持できるサイズだということだ。この数が少ないと、注意力をコントロールしたり系統だった行動をとるのが難しくなる。

では、自分の作業記憶の容量を知るために、次に並んでいる数を1つずつ覚えて紙に書いてみたまえ。数字を2つや3つのかたまりにグループ化してはいけない。例えば1234という数は、「12と34」ではなく「1、2、3、4」と覚えるのだ。並んでいる数を最後まで書き終えたら、正しく書けた数のうち最も桁数の多かったものが何桁かを数える。それが自分の作業記憶の容量ということだ。

脳のトレーニング② 数字合わせ【4×3】

1組のトランプを用意し、2種類のマークで数字が続いているカードを6枚ずつ取り出す（例　ハートのA、2、3、4、5、6とクラブのA、2、3、4、5、6）。

これをよく切り、裏にして縦4列、横3列に並べる。

ストップウォッチで時間計測を開始する。

850
834
4399
9543
82140
38587
932435
708243
0972435
8931432
43249034
24349328
905298713
378072043
8203947529
3982775235
06016554392
61085082684
010178844818
768582301939

一度に2枚のカードをめくる。この2枚の数字が同じなら、そのまま他のカードをまた2枚めくり、違っていれば裏に戻す。目標は、できるだけ早く全部のカードを表向きにすることだ。

裏に戻したカードを覚えていれば、早く終わらせることができる。前にめくったカードの数字をイメージしながらカードをめくっていき、数字の合うカードが見つかるまで同じカードをめくらないようにしたまえ。

これは作業記憶と注意力を鍛え、認知プロセスをスピードアップする練習だ。直観を信じられるようになり、作業記憶を鍛えられれば、一度見たものをもう一度確認しなくても済むようになる。

シモノフの日記

僕は不思議な生活を送っている。昼間は学部長室で働き、夜はKGBスクールで勉強している。

もっと簡単だと思っていたが、授業が終わると頭がジーンとして爆発しそうだ。演習によっては(休みなく几帳面にやらないといけない場合)、目が痛くなって涙が出てくることもある。でも、結果がすべてを物語っている!

今まで劣等生だったことはないけれど、ずば抜けて優秀というわけでもなかった。気付くこと（気付こうとしていること、気付くのに慣れていること）もあれば、気付かないこともあった。何かをするのを忘れることがよくあったし、誰かと話していてしゃべりすぎたり、知り合いとすれ違っても気が付かないこともあった。

それが今では、前よりいろいろなことに気付くようになり、記憶力もよくなった。人の話を理解したり、状況の判断や予測をする力も前よりついて、早くできるようになってきた。用事を忘れなくなったし、電話帳を開くこともほとんどなくなった。以前は1つの仕事で精一杯だったのが、もっとうまく2つの仕事がこなせるようになった。新しいことやおもしろいことに気付くのは、言うまでもなく嬉しいものだ。

授業のなかでいちばん特殊なのは、エージェントの仕事についての授業だ。先生は50代と60代の「諜報部員OB」。聞いた話では戦争中ずっとドイツに潜入していた人が多いらしいが、正確な場所は誰も知らない。この先生たちに教わっているのは、列車の車掌から企業の重役まで、いろいろな人との会話の始め方、メッセージの暗号化と解読、監視、尾行をまく方法、知らない街での移動方法、見えないインクの作り方、写真を撮ってマイクロフィルムを作る方法、その他いろいろだ。
僕たちに期待されているのは、細かい点にたくさん気付いて記憶すること。例えば、街を1時間ほど連れまわされたあと、パン屋の看板の色を聞かれたり、本屋のドアの張り紙が「ランチ休憩中」だったか「修理中につき閉店」だったかを聞かれる。後で確認しに戻ると、グレーの厚紙に赤い文字で「閉店」としか書かれていなかった。

1955年1月21日

全体を観察する

1つの物事に集中していると、他の重要なものを見落としがちである。したがって、諜報部員には全体を観察するスキルも必要となる。細部だけに意識を集中させるのではなく、全体を把握しなくてはならない場面も諜報部員には少なくない。前述したとおり、注意力が暗闇を照らすスポットライトなら、全体的な観察力はあたり一面を照らす日光のようなものだ。なにひとつ見逃すことのないように、注目すべき対象に集中しつつ、同時に全体にも注意を配らねばならない。

■演習③■目標を定めずに観察する

特定の目標を定めずに何かを観察してみるとよい。カフェに座って人を待っているときなどに、何かに集中するのではなく、周囲全体に注意を払ってみるとよい。興味をひかれたものがあればメモをとる。ただし、視界を狭めずに、そのまま周囲を全体的に観察し続けるのだ。良し悪しを判断したり、褒め称えたり、批判したりしてはいけない。そこで起きていることが厚いガラスを隔てた向こう側の出来事であるかのように、淡々と観察するのだ。

脳のトレーニング③　マッチ【レベル1】

このトレーニングは、半世紀以上にわたって戦闘機パイロットや諜報部員の視覚的記憶の訓練に使われてきたものである。

次の写真はテーブルの上に散らばったマッチを写したものだ。この写真を4秒間見てマッチの位置を記憶し、4秒経ったら今度は自分で同じようにマッチを置いてみたまえ。

長年の実績に裏打ちされた訓練方法に勝るものはない。このトレーニングでマッチの位置を記憶できれば、地図や図面もひと目で記憶できるだろう。それを口頭で説明することもできるし、後をつけられていても気付けるようになる。

このトレーニングがおもしろいと思ったら、ポケットにマッチを何本か入れて持ち歩き、退屈な講義や会議の最中にでも訓練してみるとよい。マッチを適当に置き、位置を覚えたらハンカチで隠して、テーブルの上に別のマッチを同じように配置してみたまえ。成果はすぐに現れるはずだ。

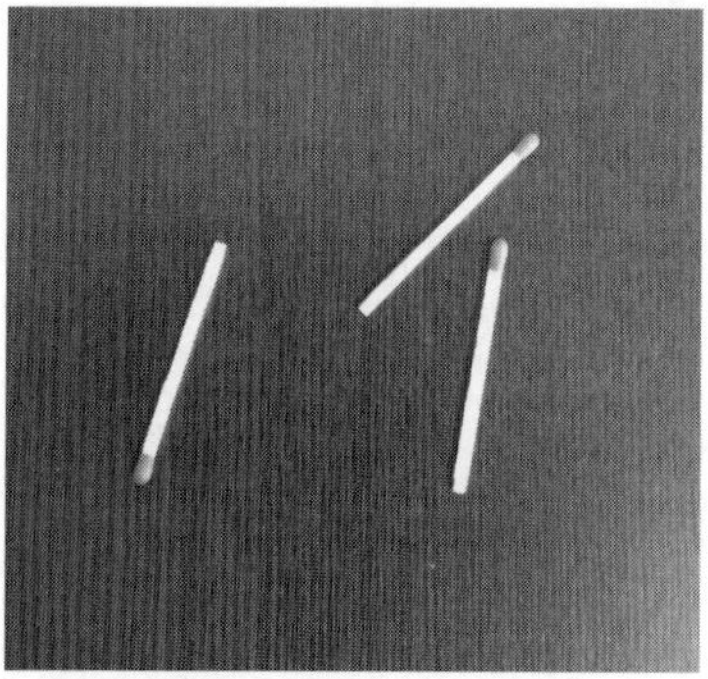

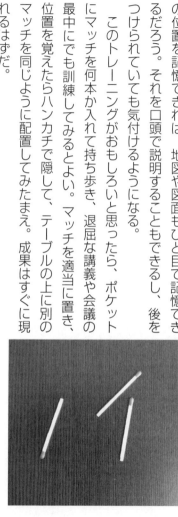

シモノフの日記

昨日、ガールフレンドのZと一緒に映画に行き、『アンナ・クロス』を観た。おもしろいことに、僕と彼女とでは映画を観る視点がまったく違う。Zはアンナが結婚するところや上品めかした男（Zは名前を思い出せなかった）にからかわれるところで泣いていたが、ラリオノバ演じるヒロインが舞踏会やパーティや猛スピードの馬車に夢中になるところでは、息も荒く口を開けたまま食い入るように見入っていた。この映画がいたくお気に召したらしい。

僕はというと、1時間20分の間にいろいろと気付いたことがあった。映画に出てきたモスクワの通りや室内がどこで撮影したものかほぼ全部わかったし、クレジットに出た名前、登場人物の衣装やアクセサリー、曲名、ちょっとした矛盾点をすべて記憶して、スクリーンに反射した光に時折浮かぶ観客の顔も覚えた。

これこそまさに訓練を積み重ねてきた成果だ。1つのものに集中するだけではなく、注意力を拡散しながら観察することも教わった。僕にはそっちの方がはるかに難しかった。どうやら今回はZがいたことで僕の能力が際立ったようだ。突然すべてがうまく回り出した。もっと観察スキルを磨きたくてたまらなくなってきた。

ところで、映画のあとで僕たちが川辺を歩いているとき、誰かに見張られていた。きっと僕はまだテストされているんだろう。なんとか地下鉄の駅で尾行をまくことができたが、監視されているのに女の子と歩いていたなんて、ちょっと恥ずかしい気がする。

もちろんZはとても魅力的だが、彼女とうまくいくかどうかはわからない。

1955年2月2日

脳のトレーニング④　文字合わせ【5×4】

これはトランプを使った数字合わせ（41頁）と似たトレーニングだが、ここではトランプの代わりにアルファベットの書かれたタイル（駒）を使う。1文字につき2個ずつ、20個のタイルを選び出し、裏向きに置いてよく混ぜる。縦5列、横4列に並べたら、文字合わせをしてみよう。時間を計り、上達の度合いをチェックしたまえ。

記憶力テスト③

アンドレイ・ニコラエビッチ・シモノフが所属しているモスクワ大学の学部は？

A　心理学部
B　哲学部
C　物理学部
D　生物学部

第1章 CHIS（密告者）

Chapter One

ＣＨＩＳ（Covert Human Intelligence Source　いわゆる密告者）となったエージェントは、諜報活動として人に関する情報収集を行う。名前、住所、人間関係、職業、職務、ライフスタイル、習慣などを調べ上げ、「プロファイル」と呼ばれる文書にまとめるのだ。

ＣＨＩＳは、公務員、医者、就職支援のプロなど、他人の個人情報にアクセスできる人間のなかから採用されるケースが多い。また、誰にも見とがめられることなく重要人物に毎日でも近付ける人間も、貴重な情報の提供者となり得る。他人のデスクでも何でも……ゴミ箱でも見られる立場の人間。自宅アパートの管理人や会社の清掃員に注意を払ってみたまえ。自分が思うよりはるかに多くのことを知られているかもしれない。

エージェントになると、まずＣＨＩＳの仕事に就くことが多い。ＣＨＩＳはれっきとした仕事であると同時に、訓練の場であり、能力が試される場でもある。

記憶したいことを視覚化する

人間の進化を見ると、言葉を理解して記憶する能力よりも、視覚的イメージを知覚して記憶する能力のほうがはるかに古くから発達している。それも当然のことだろう。我々の祖先にとって、口汚く罵る隣人よりも、身を潜めている野生動物のほうが危険な存在だったのだから。つまり文字よりも絵のほうが、それも色鮮やかな動画であればなおのこと、早く気付いて認知しやすいというわけだ。

これを活かして記憶力を向上させるには、記憶したいことを視覚化するとよい。脳にしてみれば、イメージしたものと実際に見たものとの違いはほとんどない。文字よりも視覚的イメージのほうが、そして生き生きと鮮明に細かいところまでイメージしたほうが記憶しやすいのだ。

例を挙げよう。友人のアパートへの行き方を説明してもらう場合、住所を聞くとしよう。さて、町名、建物名、部屋番号まで覚えられただろうか？　では、その友人が住んでいるアパートの1階にペットショップが入っていると聞けばどうだろう。そのほうがずっと覚えやすいはずだ。友人がペットショップのレジの奥に立ち、3匹の金魚を3匹の猫に売っていると想像してみよう。アパートの部屋は33号室。もちろんこれは非現実的な妄想だが、これだけ奇抜なイメージをはっきりと思い描けば、簡単に記憶することができる。

■演習④■目を閉じてイメージする

机の上にある物を見てみたまえ。そこにある物すべてに注意を払うのだ。何がどこにあるか？　どのように置かれているか？　一つひとつの特徴は？　色、質感、傷は？

では目を閉じて、まず机を想像してみる。次に、机の上の物を1つずつ思い描くのだ。細かい点までイメージしてみるのだ。イメージできない場合は少しの間だけ目を開け、思い描くのが難しかった物を見てから、また目を閉じてイメージし続ける。

この演習は、机の上の物だけでなく、部屋にある物や窓から見た景色、あるいは電車で向かいに座っている人たちなどで行うこともできる。

脳のトレーニング⑤　サイコロ［レベル1］

記憶力の訓練によく使うものに色違いのサイコロがある。安く購入できるが、古いボードゲームから拝借してもよい。

サイコロの演習は、視覚的な記憶力と想像力を鍛えるものだ。最初の演習では色違いのサイコロを2つ使用する。テーブルの上でサイコロを振り、15秒間だけ見て色と数字を記憶してから、サイコロを何かで覆うなどして見ないようにする。サイコロを確認せずに、色と数字を書いてみたまえ。

頭のなかでテーブルの上のサイコロを写真に撮るようにして覚えると、この課題がやりやすくなるはずだ。

記憶力に限界のない男の特性

驚異的な能力を持つ男、ソロモン・シェレシェフスキーの話は心理学の教科書にも載っている。ソビエト連邦の心理学者Ａ・Ｒ・ルリヤは幸運にも１９２０～１９６０年代の30年間にわたり、シェレシェフスキーの記憶力について研究することができた。

Ｓ・シェレシェフスキー（ルリヤは著書で「Ｓ」と呼んでいた）は、まるで記憶力に限界がないかのように、情報をいくらでも記憶することができた。絵でも概念でも、あるいは単語や意味のない文字の組み合わせでも、すらすらと本でも読んでいるかのように思い出すことができたのだ。しかも、覚えた情報は決して記憶から消えることがなく、10年前や15年前に記憶力の実験をしたときに聞いた単語でも、何の苦もなく思い出すことができた。

シェレシェフスキーの記憶力を測定することは不可能だったため、ルリヤは彼の記憶力がどのように働いているのか、つまり情報の記憶と再現のメカニズムを解明しようと試みた。その結果、ルリヤは以下のことを発見した。

1. 情報を記憶するために、シェレシェフスキーはその情報を視覚的イメージに変換していた。例えば、数字の1は体格のよい堂々とした男、6は足の腫れあがった男、8はでっぷり太った女、という具合だ。情報を視覚的にイメージするこの能力は、持って生まれたものだった。シェレシェフスキーは生後1か月のときに見聞きしたことまで覚えていたのだ。

2. シェレシェフスキーは並外れた共感覚の持ち主だった。共感覚とは、異なる種類の感覚が結び付くことであり、共感覚のある人は文字に色を感じたり、音の手触りや形の味を感じることができる。シェレシェフスキーの共感覚的知覚はというと、嗅覚以外はすべての感覚が結び付いていた。五感のうち嗅覚を除く4種類の感覚を使って作り出されたイメージは、極めて強烈でリアルなものだった。

3. 数字や物がたくさん並んだリストの順番を覚える場合、シェレシェフスキーは頭のなかで、地元の街の通りを歩きながら情景をイメージするということを行っていた。リストにある物を「見失う」こともあったが、そうなるのはイメージした絵が頭のなかで暗い場所に置かれていたり、背景に溶け込んでしまっているような場合だった。また、冒険のイメージが膨らみ、奇抜で記憶に残るストーリーが展開するということもあった。

ルリヤが著したシェレシェフスキーの記憶力の特性は、現在の記憶術に活かされている。

■演習⑤■読書で創造力を鍛える

読書中は時々本を置き、登場人物の顔、容姿、物、インテリア、風景などを、作者がどのように表現していたかを思い起こしてみたまえ。想像力を鍛えられるだけでなく、良書を深く味わうことができ、内容をよく記憶できるようになるだろう。

シモノフの日記

最初に習ったのは注意力のコントロールだ。さんざん練習して、ようやくできるようになった。１つのものに集中しながら同時にたくさんのものにも注意を払う、というのもやった。僕の頭はいろいろな名前や数字、イメージでいっぱいだ。今度はそれを全部使い、頭のなかで必要なものを整理して、要らないものを捨てていく訓練をしている。

まるで小学１年生に戻ったみたいだ！　いや、それよりもっと小さい頃に戻って、歩き方を学んでいるみたいな気がする。

早く春になればいいのに。この学校には春休みがあるのだろうか。

１９５５年２月９日

部外秘

第２８３号事案

機密情報を含む文書の紛失に関する調査

１９５５年３月２日、ソビエト連邦科学アカデミー資料室に勤めるサイモン・ヤコブレビッチ・ベルンシュタイン（１８９７年生まれ）の失踪について、モスクワ第32警察署に届け出があった。ベルンシュタインは２月21日から資料室に出勤していなかったが、以前から病欠が多かったことに加え、自宅アパートに電話がないことから、１週間後になって初めて失踪が発覚した。２月28日と３月１日に同僚が自宅を訪問したが、両日とも玄関の呼び出しに返答がなかった。

３月２日、失踪の届け出があった直後、当該地区警察Ａ・Ｐ・バシリエフ警部の立ち会いのもと、ベルンシュタインの部屋（ゴーリキー通り22番、15号室）への立ち入りを行ったところ、部屋には誰もいなかった。初動捜査では、ベルンシュタインの所持品で紛失しているものはなく、部屋には争った形跡もなかった。

同日、モスクワの病院、緊急治療室、死体安置所に運ばれた身元不明者をすべて確認したが、ベルンシュタインの特徴に一致する者はいなかった。

ベルンシュタインの勤務先が機密文書の保管を担当する資料室だったことから、同部署の調査を行ったところ、「極秘」に分類される文書がいくつか紛失していることが判明した。紛失した文書は添付一覧のとおり。この一覧の発行については登録を行っていない。

第２総局　第９課
業務責任者
少佐　Ｉ・Ｏ・ミロスラフスキー

１９５５年３月３日
モスクワ

部外秘

ソビエト連邦科学アカデミー資料室から紛失した機密情報を含む文書の一覧について

紛失した文書は、1945年5月にドイツ国家保安本部の資料室から押収された。親衛隊（ＳＳ）中将エルンスト・トロウスキー率いるドイツ国家保安本部第Ⅲ局（科学）の所有だったものである。

当該文書には、大規模な集団をコントロールする暗示テクニック（催眠）について、ドイツの心理学者および医師らが行った理論的・実験的研究の結果が記されている。そのほとんどがドイツ心理学精神療法研究所（別名「ゲーリング研究所」）による研究結果報告である。戦時中、同研究所の代表は、国家元帥ヘルマン・ゲーリングの従兄弟にあたるマティアス・ハインリッヒ・ゲーリングが務めていた。

最も興味深いのは、同研究所副所長ヨハン・ハインリヒ・シュルツの研究である。自己催眠に基づく自律訓練法は広く知られているが、シュルツはこの創始者でもある。自律訓練法については、健康な被験者と人格障害のある被験者の両方で、その長期的効果と安全性が立証されている。
シュルツの著書はドイツで出版され、一般の読者も入手可能であったが、シュルツの研究にはゲーリング研究所における他の研究と同じく軍事的価値のあるものが多かったため、機密扱いとされた。このような文書がソビエト連邦に敵対する人物や組織の手に渡ることは望ましくない。
1955年3月3日
モスクワ

記憶力テスト④

シモノフがZを連れて観に行った映画は？

A 『捜索者』
B 『アンナ・クロス』
C 『マルタの鷹』

脳のトレーニング⑥ テーブルに置かれた物【レベル1】

人、物、道路、家の位置など、ほとんどの人にとっては何の興味もないことでも、諜報部員にはこうした些細なことをすべて覚えている記憶力が重要だ。

このトレーニングは、諜報部員養成スクールで若い学生の訓練とテストを行う際に使用するものだ。経験豊富な諜報部員も、自分の留守中に誰かが部屋にいた可能性がある場合などは、この位置に関する記憶力を活かしてどこが探索されたかを判断している。

まず、家にある物をいくつか集めてテーブルの上に置き、写真を撮る。どこに何があるかを記憶する。次に、目を閉じている間に、友人や家族に置いてある物を全部テーブルの下に移動してもらう。そして、先ほどと同じように物を配置し、完成したら写真と比べてみるのだ。

この演習を行うには、テーブルを「頭のなかで写真に撮る」とよい。何も置かれていないテーブルを目の前にしたときに、その「写真」を思い描きながら、物を配置していくのだ。

物を配置する前に、テーブル全体をイメージしなくてはならない。これがすぐにできる人もいるが、特別な方法を使う必要のある人もいる。頭のなかでテーブルを傾けるのも1つの方法だ。物が滑り落ちるのがイメージできるだろう。テーブルから落ちる順序は？　落ちる向きは？　何がどのように割れたり壊れたりするだろうか？　全部が落ちた後、床の上はどのようになっているだろうか？

このトレーニングは毎日でも行うことができる。誰かの作業机を見てから、背を向けて机の上にあった物の位置をイメージするのだ。バスや電車なら向かいに座っている人を見て、目を閉じた状態でその絵をイメージすればよい。本棚を見てから、目をそらして本の順序を思い出すようにしても構わない。

想像力を強化する

想像力は、脳の働きのなかでおそらく最もクリエイティブなものだろう。想像力があるからこそ、目にしたものを描写するだけでなく新しいイメージを作り出すこともできるのだ。しかもそのイメージは、サイズを変更することもできれば、動かしたり回転させたり、新しい要素を付け足したり古い要素を取り除いたりすることもできる。人が何か新しいものを生み出すときに使うのは想像力である。そして発明家は発明し、映画監督は映画を撮り、作家は本を書き、画家は絵を描くのだ。

記憶術にも、クリエイティブな想像力を使うものが多くある。前述したように、視覚的イメージは文字よりも記憶しやすいため、読んだものを覚えるには想像のなかで絵に変換するとよい。

■演習⑥■目隠ししたままで30分

家のなかで目隠ししたまま30分間過ごしてみたまえ。その状態で部屋を歩き回ってみる。目を閉じたまま顔を洗ったり、服を着たり、朝食を作ってみるのもよい。音楽をかけたり、お気に入りの椅子に座ったりしてもよいだろう。

■演習⑦■頭でイメージした黒板に書く

まず、学校や家にあるような黒板かホワイトボードを想像してほしい。その質感、色、枠、どのように壁にかかっているかも想像しよう。色は黒く、チョークで書けるよう少しザラついた艶消しの黒板かもしれないし、マーカーで書く白くなめらかなボードかもしれない。では次に、色が茶色に変わるところを想像しよう。そしてオレンジに変わる。今度は青だ。一つひとつの色を感じてほしい。思ったとおりの色に、頭のなかで変えていこう。

頭のなかでうまく色を変えられるようになったら、今度はそこに好きな単語を書こう。よく見てほしい。どのように書かれているだろうか？ 文字の色は？ 線の質感はどうだろう？ では、その文字を黒板消しか布で消し、別の単語を書いてみよう。しばらくの間、このようにイメージした黒板に文字を書く練習を続けてみたまえ。

この演習を継続し、徐々に文字の数を増やそう。短い文章や数字、リストを書いてみる。図形を描いてもよい。書いたものをできるだけはっきりと想像するのだ。

諜報部員にはこのテクニックが非常に役立つことがある。解決策の見つからない問題で行き詰まり、何度も振り出しに戻っていると、普通は心身ともに疲れ果ててしまう。この非生産的な思考回路を早く断ち切るには、その問題を想像上の黒板に書いて、消してしまえばよいのだ。また同じ問題を考えてしまったら? それも消そう。それでもまた考えてしまったら? また消すのだ。非生産的な思考に戻ったとしても、普通は2~3回この過程を繰り返せば脳が他の問題を考え始める。

記憶力テスト⑤

ベルンシュタインの事件を警察ではなく防諜機関が扱っている理由は?

A　ベルンシュタインが政府の要職に就いていたため

B　ベルンシュタインが機密情報を含む文書を管理していたため

C　ベルンシュタインがＫＧＢエージェントだったため

D　警察がベルンシュタインを見つけられなかったため

脳のトレーニング⑦　クロスワード［４×４］

これは想像力と視覚的記憶を鍛えるトレーニングだ。

手元に要らなくなった新聞紙があり、それにクロスワードパズルが載っていれば、いつでもこのトレーニングに取り組むことができる。

クロスワードパズルの４隅に、４×４マスを囲んで正方形を描く。そのうちの１つをよく見て、黒いマスと白いマスのパターンだけに注目する。４～５秒後、新聞紙を裏返し、その紙面に先ほどの黒いマスと白いマスのパターンを描いてみよう。格子状の図を「頭のなかで写真に撮る」ようにし、その図のマスを選んでいけば、この演習は難しくはな

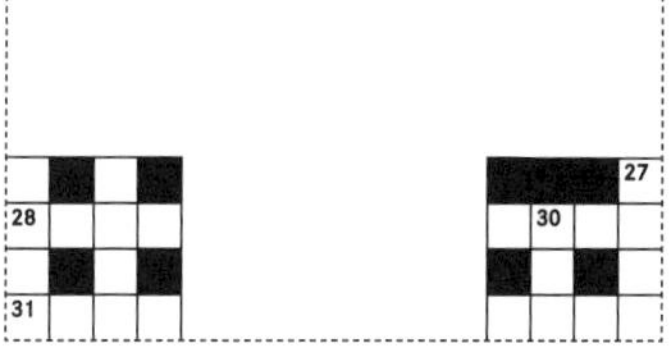

いだろう。すぐに「頭のなかで写真を撮る」のが難しい場合は、黒いマスをグループ化して幾何学模様としてとらえるとよい。

ここで改めて、空間認識スキルの重要性を肝に銘じてもらいたい。諜報部員は複雑な構造の仮説、理論、シナリオを扱わなくてはならない。しかしそれを図表に描いてうまく表現する能力があれば、複雑な任務に関する情報をすべて正しい枠組みで把握することができるのだ。

部外秘

紛失した機密文書の調査について
（第283号事案）

本事案の調査は第2総局第9課業務責任者I・O・ミロスラフスキー少佐の担当とする。

ベルンシュタインは機密文書を盗んで逃亡した。手がかりを元に追跡すること。調査を行い次の点を明らかにしなくてはならない。

①　ベルンシュタインの現在の居場所
②　容疑者の動機
③　文書が盗まれた状況

当該文書が盗まれた理由の究明が必須である。文書の内容を何者かに伝えることがベルンシュタインの目的であれば、盗んで疑われるようなことをしなくても、複製を作成すればよかったはずである。

当該文書の価値究明およびベルンシュタインの交友関係の調査には、エージェント「シモニデス」を任命する。

調査は２つの角度から行う。第一に、当該文書保管担当者の公私にわたる交友関係を調べること。第二に、盗まれた文書の入手に興味のある人物を特定すること。当該文書の記載情報には軍事的価値があり、資本主義国の諜報機関が関わっている可能性もある。

ソビエト連邦全土でベルンシュタインを指名手配すること。

第2総局　副局長
大佐　V・I・ルーキン

1955年3月4日
モスクワ

今夜は眠れなかった。真夜中に電話があり、初めての任務でオフィスに呼び出された。男が失踪。年齢58歳。名前はベルンシュタイン。学部周辺で何度か見かけたことがある。教員は全員がベルンシュタインを知っているようだ。

ソ連軍が1945年にベルリンで押収した機密文書が資料室から消えた。ベルンシュタインは保管担当者だった。男の失踪と文書の紛失。この2つは関係していると思う。この関係を解き明かさねばならない。

僕の任務はベルンシュタインの情報を集めることだ。交流があった人、よく行った場所、親しかった人、仲のよい友人がいたかどうか。調査結果を上司に報告することになっている。上司は、ベルンシュタインがその文書を盗んで地下に潜った可能性があると言っていた。そうでないとしたら、その文書をめぐって殺されたか拉致されたということも考えられる。そのほうがましだ。僕としては、なかなかベルンシュタインを疑う気になれない。そんなことをする男にはまったく見えなかった。

その文書には何が書かれていたんだろう。気になる。絶対に真相を究明しなくては。

１９５５年３月５日

脳のトレーニング⑧　サイコロ［レベル2］

54頁のサイコロに他の色を追加する。覚える時間は10秒に短縮しよう。

■演習⑧■何が見えるか

くつろいだ状態で目を閉じ、よく行く場所について記憶から再現しよう。お気に入りのコーヒーショップでもよいし、職場やコンサートホールでもよい。そこのレイアウトを思い出してみたまえ。壁、床、天井を思い出す。家具の配置は？　テーブルや棚に置かれているものは？　いつもの場所に座っていると想像してみよう。何が見えるだろうか？　同じところを別の角度から見てみよう。別の席に座ったり、テーブルの上に立ったり、床に寝そべったら、何が見えるだろう？

対象者プロファイル
サイモン・ヤコブレビッチ・ベルンシュタイン
１８９７年、トヴェリで生まれる。
父：ヤコブ・ボリソビッチ・ベルンシュタイン。１８６７年生まれ。仕立屋。１９

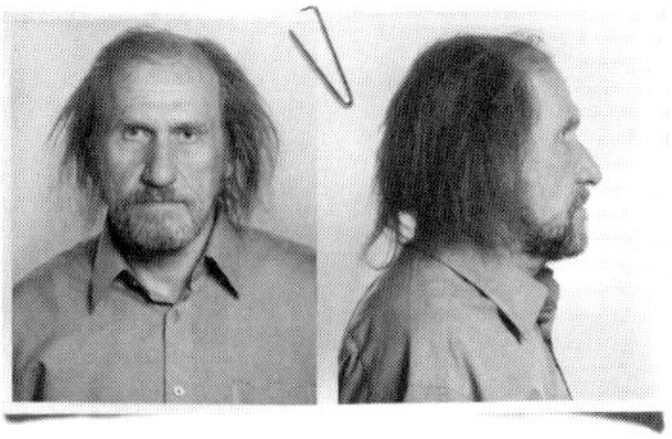

19年死去。

母：ナタリア・ニキフォロブナ・ベルンシュタイン（旧姓エレミナ）。1871年生まれ。1925年死去。

トヴェリの高等学校を卒業。

1918年にE・K・ソスノワと結婚。1921年に離婚（E・K・ソスノワが不貞の末に家を出る）。離婚後、婚姻中の1920年に生まれた息子ヤコブを引き取る。

1925年、モスクワ大学哲学部に入学。1931年に卒業。在学中はA・R・ルリヤとA・N・レオンチェフが指導する研究チームに協力。被験者として、言葉に対する感情の状態変化の実験に参加。卒業後は講師として大学に残る。児童心理学の分野で論文執筆に着手。

1936年、共産党ボリシェヴィキ中央委員会命令「ナルコムプロス（教育人民委員会）体制における児童学的逸脱について」の発布後、モスクワ大学哲学部を解雇。職を転々としたあとソビエト連邦科学アカデミー資料室に就職。

1941年に前線の兵役に召集され、歩兵隊に入隊。戦闘を経験。ドイツ語が堪能であることから度々捕虜将校と関わる任務に就く。1945年7月、ソビエト連邦科学アカデミー資料室に復職。

ベルンシュタインの息子ヤコブは1943年に前線で死亡。ベルンシュタインの交友関係は限定的で仕事仲間と学者仲間のみ。親しい友人なし。

以上

シモニデス

1955年3月10日
モスクワ

シモノフの日記

今日、上司と密かに会い、僕が機密文書の件に直接関わることになった。上司と会ったのはゴーゴリ大通りのベンチ。昼休み中だった。上司には今後の連絡方法を聞いた。僕から報告がある場合は、火曜か金曜にこの公園の、このベンチに来なくてはならない。僕からKGBにはまだ行けないらしい。誰かに見られるかもしれないから。それも悪くないが、わざわざ人目を引くようなことをする必要もない。

おかしかったのは、ベンチの下に大きな水たまりがあったこと。僕たちはベンチに座り、お互いに足が濡れないよう気を付けながら、知らない者どうしを装っていたのだ。

ベルンシュタインについてわかったことを上司にすべて話したら、話が長くなってしまった。上司は不明な点について質問した。それから僕は仕事に戻り、上司はそのままベンチに残った。

１９５５年３月11日

脳のトレーニング⑨　クロスワード【5×5】

今度は67頁のクロスワードパズルと同じように5×5マスを囲んで正方形を描き、黒いマスの位置を記憶して再現しよう。黒いマスの配置を形として覚えれば、マスの数が増えて演習のレベルが高くなっても難しくないだろう。

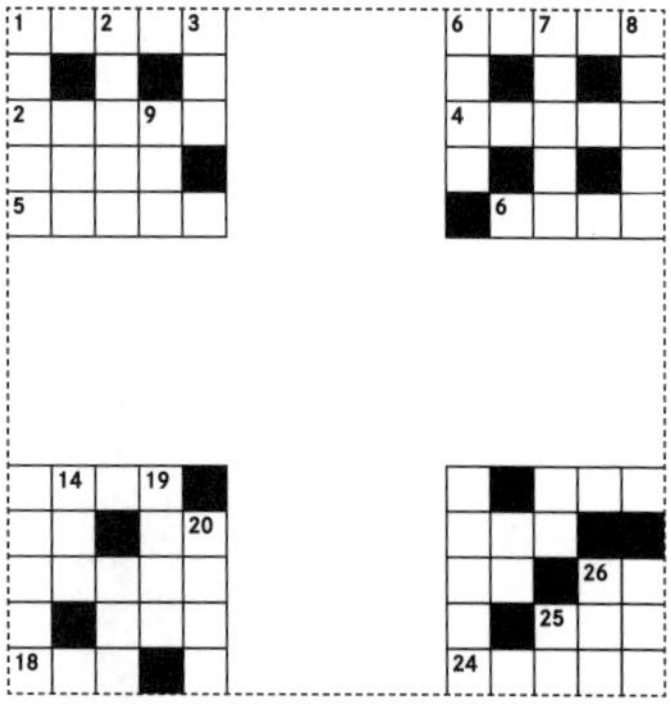

このトレーニングは、簡単にできたとしても、何度も繰り返し取り組んでスキルをしっかり身に付けておこう。

忘れた記憶をよみがえらせる

諜報部員には、衝撃的な出来事をたまたま目撃した一般人に話を聞かなくてはならない場合がある。そうした出来事を目撃すると、あまりにもショックが大きいために、些細なことを1つだけ覚えていて、あとはすべて忘れてしまっていることがある。例えば、武装襲撃の場合なども、目撃者は自分に向けられた武器だけを覚えていて、襲撃者の容貌はまったく思い出せないというようなことが起こり得る。諜報部員の目的は、目撃者に見聞きしたことを思い出させることだ。そのために最も効果的な方法は、その出来事を経験した状況に本人を戻らせることである。

◎情報提供者とは、なごやかな雰囲気のところで会うこと。リラックスさせ、目を閉じてもらう。相手が想像のなかでそのときの状況に浸れるような質問をする。

◎その出来事について、情報提供者にはできるだけ多くのことを細かく思い出してもらわなくてはならない。まず基本的な質問から始めること。どこで起きたか？　そのときの状況は？　その場所の様子は？　明るさは？　寒かったか、暑かったか？　風が吹いていたか？　どんな音が聞こえたか？　どんな匂いがしたか？　何の匂いだったか？　いつその出来事が起きたのか？　その前に何があったのか？　なぜそこに行ったのか？

◎状況設定を再現できたら、出来事そのものに少しずつ移っていこう。何が起きたのか？それに対する目撃者の反応は？　何を感じ、何を思ったか？　そのあとどうなったか？

少しずつ段階を経ながら必要な情報に近付いていこう。このタイミングなら、情報提供者はそのときの状況に没入した状態で、思い出すべきことをもう一度、見たり聞いたりすることができるだろう。

この方法を成功させるには、事実ではなく、目撃者が自分の気持ちや経験の記憶をよみがえらせることに集中できるようにすることが重要だ。五感（視覚、聴覚、触覚、嗅覚、味覚）をすべて利用させよう。

諜報部員自身も、何か重要なことを思い出さなくてはならない場合が出てくる。その場合も、やるべきことは同じである。そのときの状況に戻り、自分が抱いた気持ちや感情をすべてよみがえらせるのだ。

状況を再現して記憶を呼び起こすのに、なにも想像力だけに頼る必要はない。可能であれば、その場所をまた訪れて（同時刻が望ましい）、そこで思い出すようにしてもよいのだ。

■演習⑨■家で何かをなくしたら

家で何かをなくしたら、それは記憶をよみがえらせる訓練のチャンスだ。なくした物を最後に手にしていたときのことを考えたまえ。そのときにしていたことは？　どのように？　家に一緒にいたのは誰？　話していた相手は？　その前にしていたことは？　そのときの気分は？　急いでいたか、退屈していたか？　何を考えていた？　なくした物をどのように使い、そのあとどうしたか？　それを持って出かけた場所は？

なくした物を使った場所と、そのあとに行った場所を確認しよう。そのときの状況をうまく再現できれば、家中をひっくり返して探すよりもずっと早く見つけることができるだろう。

他の誰かが何かをなくした場合は、その人を相手にこの演習を実践してみよう。なくした物が見つかったら、自分を褒めてやるとよい。その人の記憶を呼び起こす訓練を手伝ってあげたのだから。

脳のトレーニング⑩　数字合わせ【4×4】

41頁の作業記憶の訓練を継続しよう。各マークにつきカードを2枚追加して、縦4列、横4列に並べよう。

記憶はその時の状況と結び付いている

記憶は往々にして、記憶したときの状況と結び付いている。学校での出来事を思い出そうと思ったら、オフィスにいるときよりも、数年間を過ごした教室にいるときのほうがはるかに思い出しやすい。状況設定や感情、音、匂いはすべて記憶とつながっており、それを介して過去の記憶を呼び起こすことができるのだ。

これは単に興味深い事実というだけではない。試験中に思い出せなかった答えを、家に帰ったとたんに思い出したという経験はないだろうか？　そうしたことが起きるのは記憶が整理されていないからかもしれない。パジャマ姿でベッドに寝転び、ホットチョコレートを飲みながら試験勉強をしたのであれば、同じようにパジャマを着て枕にもたれ、カップを手にした状態で試験を受けるのがベストだ。もちろんそれは不可能だから、試験勉強は机上で、集中して行ったほうがよいということになる。

記憶するときの状況設定は、思い出すときの状況設定と一致していなくてはならない。そのことを心に留めて任務に備えてくれたまえ。

■演習⑩■思い出す順番を変えてみる

エピソード記憶（出来事の記憶）の能力を鍛えるには、近い過去を思い出すようにするとよい。今日は何があったか？　朝起きたときの様子は？　そのときの気分は？　どんな夢を見た？

自分がいた場所を思い出そう。そこで何をしていたか？　一緒にいたのは誰？　その人たちが着ていた服は？　自分は何を話していた？　話しているときの気持ちは？　電話した相手と用件は？　何を食べた？　何が聞こえた？　今日1日で使った正確な金額は？
思い出す順序を変えてみよう。ある日、1日の出来事を朝から夜まで思い出したら、別の日にはその日のことを逆の順序で、夜から朝まで思い出すのだ。1日分の出来事から始め、2日分、3日分、そして1週間分まで増やす。そして1週間前から始めて順序だてて思い出してみる。この演習に毎日取り組んでいれば、いつ自分が経験した出来事でも2～3時間刻みで正確に思い出せるようになるだろう。これは何かを探し出すときに極めて有効なスキルだ。

記憶力テスト⑥

紛失した機密文書の捜査目的は何を明らかにすること？（回答は複数選択可）

A　ベルンシュタインの現在の居場所

B　盗まれた文書の内容

C　ベルンシュタインの動機

D　文書が盗まれた状況

E　文書の現在の所在

第2章 ケースオフィサー（工作担当官）

Chapter Two

エージェントを採用する場合

新しいエージェントの採用は極めて重要性が高く、実施に先立ち入念に採用計画が練られる。エージェント候補者の状況や人間関係、有用な情報にアクセスできる可能性など、あらゆる面から評価が行われ、候補者個人の性格や諜報活動への適性も検証される。

エージェントがどのようなかたちで採用されるかは状況次第だ。ある任務のために短期間だけ採用されることもあれば、長期にわたることもある。徐々に関与を深めるエージェントもいれば、いきなり大きな任務を与えられるエージェントもいる。また、本当の雇い主を知らせないまま、「偽装」の採用が行われることもある。そうすれば、諜報機関が他の雇い主を隠れ蓑にして、若く有望な職員を雇えるというわけだ。

彼らが採用要請を受け入れる根拠、つまりエージェントの動機も多岐にわたる。金や出世のために働くエージェントもいれば、純粋に理想のためという場合もある。なかには脅されてエージェントになる者もいる。

エージェントは秘密保持契約をもって採用となるが、この契約に法的拘束力はない。ただし、エージェントを、人に知られてはまずいネタをにぎっていることで精神的に縛り働かせることになる。場合によっては秘密保持契約の代わりに、金銭契約を結ぶこともある。採用されるとエージェントには暗号名が与えられ、諜報活動に関する文書にはすべてこの名前が使用される。このように秘匿性を保つのは、情報源を保護するためである。

採用を行うのはケースオフィサー（工作担当官）だ。優秀なアナリストにして人間を見る目に長けた心理学のプロ、それがケースオフィサーである。人を納得させたり、その気にさせたりする方法を熟知している。エージェント候補者に接触し、信頼させて、雇用条件の交渉や協力の取り付けにあたるのが、このケースオフィサーだ。

記憶術の３原則

記憶術とは、記憶力を強化して実際の出来事や大量の情報を覚えられるようにする方法である。

記憶術にはさまざまなものがあるが、どの記憶術にも３つの原則があてはまる。

原則１　関連付ける

関連付けは精神の働きとして基本的なものである。脳という装置は、さまざまなイメージや概念を互いに結び付けるのが得意なのだ。記憶のなかには長く複雑な連想の鎖が収められている。クリスマスと聞くと、すぐにクリスマスツリーや賛美歌やプレゼントが思い浮かぶといった具合だ。幼い頃のことに思いを巡らせれば、クリスマスツリーから連想してサンタクロースやプレゼント、靴下を吊るしたことを思い出せるだろう。現実的な人なら贈り物を用意する費用のことを考えるかもしれない。信仰心の強い人であればイエス生誕の福音のことを考えるだろう。

諸君はもうわかっているだろうが、記憶力の良さというのは、覚えているかどうかよりも情報を呼び出せるかどうかなのだ。何かを覚える場合、既に知っていることに関連付ければ簡単に覚えることができ、連想の鎖を使えば必要に応じてすぐに思い出すことができる。

よって、記憶術の第一原則は、何かを覚える場合は簡単に思い出せるように、よく知っているものに関連付けるということである。

原則2 情報を視覚的にイメージする

知ってのとおり、記憶力をよくするには、想像力を使って視覚的にイメージすることが極めて重要だ。視覚的イメージは言葉や数字よりも簡単に記憶できる。したがって、記憶術の第二原則は、記憶すべき情報を視覚的にイメージすることである。

記憶術の第一原則と第二原則は、併せて使用するものである。例えば、味方と接触せずに情報を受け渡す方法として、手荷物ロッカーを使用するとしよう。ロッカーの暗証番号は855411だ。この番号は、おそらく今後数年間、正確に覚えていなくてはならない。

この暗証番号の数字をそれぞれ絵としてイメージし（第二原則＝情報を視覚的にイメージする）、それを互いに関連付けてみよう（第一原則＝関連付ける）。数字の「8」は太った女のように見える。「5」はサドルの付いた一輪車だ。「4」は椅子で、「1」は箒としよう。1人の女（8）が2台の一輪車（55）に乗っている。体重が重すぎて1台では支えきれないからだ。2台がばらばらにならないように椅子（4）をくくり付け、その椅子に座っている。一輪車が倒れないよう、2本の箒（11）を使って綱渡りのようにバランスをとっている。女が向かう先は、もちろん手荷物ロッカーのある駅だ。この絵を鮮明に思い描ければ、この暗証番号が記憶から消えることはない。

少しアドバイスをしておくと、もっとよいのはこれを視覚に限定して考えないことだ。何かを鮮明に記憶するには、聴覚、触覚、嗅覚、味覚も役に立つ。シェレシェフスキーに共感覚があったことを思い出してほしい。木を想像するにしても、細かいところまでイメージしよう。その木は柔らかな若葉を茂らせ、さわやかな樹液の香りがする。ざらざらした樹皮は温かく、そこにはねっとりとした苦い樹脂がつやつやと光沢を帯びて滴っている、といった具合だ。

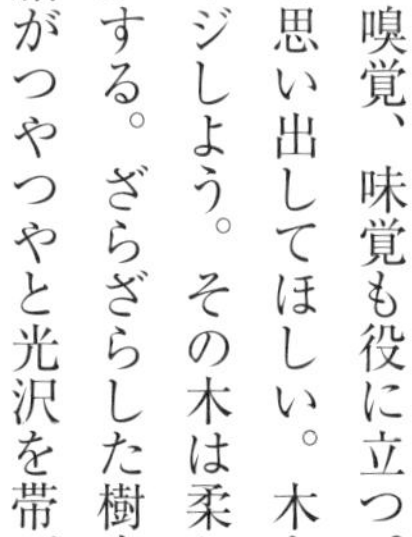

©Vasili Yaltonskiy

原則3　感情を伴わせる

人間というものはエネルギーを節約することを好み、余計なことはやりたがらないものだ。そして脳は、最も強烈な感情を伴うことを最優先しようとする。例えば、人間を襲う肉食動物は脅威そのものであり、恐怖を感じる。出くわしてしまったら戦うか逃げるかしかない。喉がカラカラに乾いたら、心配になって水を探さざるを得ないだろう。食べ物が腐った匂いを嗅ぐと嫌悪感を感じるからこそ、食中毒から身を守ることができる。つまり、物事に強烈な感情が結び付いていれば、肉食動物の通り道を避けたり、水のある場所への行き方を覚えたり、腐った食べ物に手を出さないなど、そこから何かを学ぶことができるのだ。

記憶力は感情によって活性化される。普通の人は、数年前の出来事を思い出してほしいと言われたら、ほぼ間違いなく人生の節目となる出来事を思い出すだろう。子どもの誕生、伴侶との出会いや別れ、転居、転職、楽しかった旅行のことなどだ。こういったことはすべて、そのときに強烈な感情を抱いた出来事だからこそ記憶に残っているのである。他のことは何の変哲もないこと、興味を持つに値しないこととして、記憶から消し去られるのが常である。つまり、我々は記憶する必要のあること、本当に関心のあることだけを記憶しているのだ。

記憶術の第三原則は、記憶した情報に感情を伴わせるということだ。前述の手荷物ロッカーの暗証番号は覚えているだろう。なぜ記憶できたのだろうか？　それは、驚いたり戸惑ったりしたからでもある。女が椅子をくくり付けた一輪車に乗り、2本の箒でバランスをとろうとしているイメージが、奇抜でばかげているからだ。諸君はこれから記憶術のテクニックを学ぶのだが、ばかげているからといって、やる気をなくさないでほしい。奇抜でよいのだ。それで感情が芽生え、しっかり記憶してすぐに思い出せるようになるのだから。

部外秘

エージェント報告書

件名　第２８３号事案
１９５５年３月14日
情報元　「シモニデス」
受領者　Ｉ・Ｏ・ミロスラフスキー少佐

ベルンシュタインの人間関係について（録音テープの書き起こし）

ベルンシュタインは仕事で文書保管を担当していたため、モスクワ大学の著名な学者と交流があった。Ａ・Ｎ・レオンチェフ、Ａ・Ｒ・ルリヤ、Ｂ・Ｍ・チェプロフなど、多くの学者が研究論文や記事、学術論文の資料のことでベルンシュタインに相談していた。

しかし、人との付き合いは仕事上の関係に限られていた。妻とは戦争前に別れており、息子はレニングラードの前線で死亡したため、家族はいない。交流があったのは、心理学と何らかの関わりがある者ばかりである。近所付き合いもほとんどなかった。親しい友人もいない。ただし、V・M・コバレフは唯一の例外であった。

バシリー・ミハイロビッチ・コバレフは１９３０年、レニングラード生まれ。モスクワ大学卒の心理学者。現在は大学院生であり、大規模な集団の心理についての学位論文を執筆中。

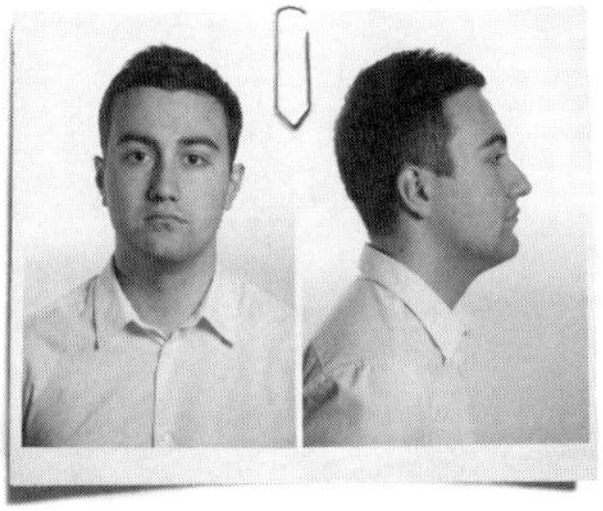

コバレフはベルンシュタインと親密な関係にある。コバレフにとってベルンシュタインは師のような存在となっており、研究関連のことに限らず、さまざまな状況で手助けをしてもらっていた。大学院進学時に寮に住めるようになったのも、ベルンシュタインの助けがあったからである。コバレフとベルンシュタインは定期的に会い、お茶を飲みながら何時間もさまざまなことを話し合っていた。

コバレフは、前線で亡くなったベルンシュタインの息子に似ている。ベルンシュタインがコバレフに対して父親のように接していたのも、それが理由であると考えられる。

備考　録音テープは消磁済み
任務　コバレフとベルンシュタインの関係を調査する
活動　コバレフ（対象者「詩人」）を監視下に置く
１３４号

関連付けの重要性

記憶する際に使う関連付けには、さまざまな方法がある。

1. 見た目、機能、つづり、音などの類似性で関連付ける。考え方は次のとおり。

・数字の8は、太った女、メガネを上から見た状態、無限大のマークなどと類似している。
・飛行機は空を飛ぶため、鳥、パラシュート、凧などと類似している。
・スペイン語のラ・バンデーラ（意味は「旗」）という単語には、バンドに似た語が含まれている。中世の旗にはバンド、つまり細長い布が使われているのだ。

2. 対比：「明るい」と「暗い」、「辛い」と「甘い」、「男性」と「女性」など。

3. 原因と結果：雲は雨を降らせる、火は熱を発する、バナナの皮は人をすべらせる、など。

4. 時間・空間の合成：クレムリンがあるのはモスクワ、青銅の騎士像があるのはサンクトペテルブルク、レオナルド・ダ・ヴィンチが生きていたのはルネッサンス時代、など。

歴史を見れば、記憶における関連付けの重要性がよくわかる。古代の文書（叙事詩、伝説、英雄物語、科学的論文、医学的な処方箋など）には、詩の形式で書かれたものが多い。先人たちは、韻律、リズム、ハーモニー、繰り返しなどを用いて単語と単語を関連付け、膨大な量の文書を記憶しやすいものにしたのである。

記憶力の強化には、知識が多ければ多いほど簡単に記憶できるようになるという法則がある。知識量が膨大なら、新しい情報が入ってきても、既に知っている情報と簡単に結び付けられるからである。

■演習⑪■結び付けてみる

すばやく連想する能力、さまざまな物事を互いに関連付ける能力は、どの記憶術でも極めて重要なものだ。このスキルは地道な練習で鍛えることができる。別々に目にした2つの物を結び付けてみよう。例えばドアノブとペーパークリップなら、どのように結び付けられるだろう？　カーブの形が似ている、1袋分のペーパークリップを溶かしてドアノブを鋳造する、あるいは単純にペーパークリップをドアノブに挟むといった関連付けができるかもしれない。

脳のトレーニング⑪　単語ペア［レベル1］

本書で取り上げているどの記憶術でも、単語と単語を関連付けられるようになることが重要とされている。このトレーニングには集中して取り組んでくれたまえ。

次に列記されている単語のペアをすべて覚えよう。

まず、ペアになっている単語を互いに関連付ける。それを視覚的にイメージし、どのように関連付けたかを記憶する。60秒間、本書を閉じて覚えよう。時間が来たら、それぞれの単語とペアの単語を声に出して言ってみよう。いくつのペアを覚えていただろうか？

スイカ／バット　枕／ニンジン
ヘリコプター／ドレス　トラック／テディベア
木／電話　磁石／絵筆
花／水たまり　鍵／フォーク
カメラ／小銭　コンクリートブロック／椅子

非開示

取り調べの結果について

コバレフの監視を今後も続けるにあたり、コバレフをＫＧＢ本部に呼んで取り調べを行うことは賢明ではないと判断する。ベルンシュタインの失踪に関する情報を得るため、モスクワ大学のコバレフの寮室にて取り調べを行った。ドイツ国家保安本部の文書の紛失については、コバレフには知らされていない。

取り調べの間、コバレフは落ち着かない様子だった。質問には気が進まない様子で短く答えていた。ベルンシュタインとの友人関係は否定。話をしたのは学位論文のことで少し相談しただけとのこと。最後にベルンシュタインに会ったのはずいぶん前で、おそらく２〜３週間は経っており、それがいつだったかは正確に覚えていないと主張。

コバレフの部屋の捜索は行わなかったが、部屋の様子は明らかに他の学生の部屋とは違っていた。注目すべきは、コバレフが高価な蓄音機と大量のレコードを持っていることである。どうやって手に入れたのかと聞くと、コバレフは両親から卒業祝いにもらった金を使って中古品店で買ったと答えた。

第２総局　第９課
業務責任者

少佐　I・O・ミロスラフスキー
1955年3月15日
モスクワ

脳のトレーニング⑫　単語ペア［レベル2］

95頁に続く関連付けのスキル強化のトレーニングだ。今回は単語ペアの数が増え、さらに難しくなっている。全部を覚えられるか挑戦してみてほしい。全部を覚えるのが難しければ、半分に分けてやってみよう。

司令官／シマウマ
水槽／料理本
ハサミ／ライム
テニスラケット／日焼け止め
スポンジ／ハンマー

麺棒／ねじ回し
爪楊枝／ティーポット
塩の容器／剣
CD／ソーダの瓶
ステーキ用ナイフ／蝶ネクタイ

リンゴ／鳥の鎖骨　　　　輪ゴム／松ぼっくり
恐竜／ピーナッツバター　香水／マティーニグラス
クレジットカード／チョコレート

単語リストを覚えるテクニック

単語のリストを覚えられるようになれば、記憶力強化の訓練は大きな節目を迎えたことになる。まず、人に自慢できるようになるだろう。40個の単語を聞いて最初から最後まで暗唱すれば、友人を感心させることができる。さらに、日常のなかでやるべきことのリストでも、会議の詳細やスピーチの台本でも、すべて覚えられるようになるだろう。

単語リストを記憶できる諜報部員なら、パスワードや説明文でも、台本や連絡先情報でも覚えることができる。単語というものは現実の物事と関連しているため、何の関わりもないように見える事柄でも結び付けることができるのだ。

単語リストを覚える方法としては、基本的なテクニックが2つある。ストーリー記憶法と場所記憶法だ。本書では両方のテクニックを学び、状況に応じて使い分けられるようになってもらう。ただし、どちらか1つの方法を主に使い、もう1つの方法は最小限にとどめたければ、それは自分で決めてもらって構わない。

ストーリー記憶法

この記憶法は、覚えようとしている複数の単語をつなぎ合わせてストーリーを作り、視覚的に思い描いて、そこに感情をたっぷり注ぎ込む方法だ。ストーリーは、ばかばかしくても構わない。おかしなストーリーであればあるほど単語のリストが強烈に記憶に残ることになる。もう1つのコツは、自分自身を登場させることでストーリーを意味あるものにし、記憶に残りやすくすることだ。

例えば、次のような単語リストがあるとする。

油
テーブル
タクシー運転手
コーヒー
暗号

木

バルコニー

この単語リストを覚えるために、次のようなストーリーを作ることができる。

自分が今いるのは港町の薄暗いバーだ。外では海が唸りを上げている。船が汽笛を鳴らし、波止場で作業員たちが大声で話しているのが聞こえる。窓際には油の樽が１つ置かれている。鉄製の樽は錆が目立ち、鼻をつくような灯油の匂いを放っている。樽には丸い板がかぶせてあり、それをテーブルにして、１人のタクシー運転手が座っている。着ているのはベルベットのジャケット。飲んでいるのはブラックコーヒー。バーで飲むものといえばラム酒だが、まだ運転するので飲めないのだ。コーヒーの苦い香りに灯油の匂いが混ざっている。タクシー運転手は港で客を乗せることになっているのに、それができない。客の名前は暗号化されており、運転手にはその暗号が解けないのだ。不機嫌な様子で、黄ばんだ紙に書かれた意味不明な文字を見つめている。そのとき、自分のところにメッセージが届いた。そこには、バーの外の木に暗号を解く鍵があると書かれている。驚いて、そのメッセージをタクシー運転手に見せ、２人で外に駆け出した。タクシー運転手はその木によじ登ろうとして、何度も滑り落ちた。木の幹がなめらかで滑りやすいのだ。そこで運転手はバーの２階に上がり、バルコニーに出て、そこから木に移って登り、とうとう暗号の鍵が入った封筒を発見した。

このストーリーの情景が目に浮かんだだろうか？　では、単語リストを暗唱してみよう。リストの順序を逆にしても、うまく暗唱できただろうか？

このストーリーには記憶術の3原則がすべて使われていることに留意してほしい。ストーリーは関連付けそのものだ。言葉は生き生きとした視覚的イメージに変換されている。錆びて嫌な匂いを放つ樽、柔らかなベルベット、苦いブラックコーヒー、黄ばんだ紙などだ。そして、ストーリーの登場人物には感情の動きがある。タクシー運転手は不機嫌で、自分は予期せぬメッセージに驚き、ストーリーは「ハッピーエンド」で終わっている。

■演習⑫■地下鉄の路線図を覚えてみる

自分が住んでいる場所の地理を覚えよう。街に地下鉄が走っているなら地下鉄の路線図を覚えるとよい。各路線は駅名のリストと同じだ。どの順序でも駅名を暗唱できるようにして、すべての路線を覚えてみたまえ。そのうち、記憶だけを頼りに地下鉄を自由に乗り降りすることができるようになるだろう。同じようにして、道路やバスの停留所などの順序も覚えることができる。そうすれば、尾行をまきたいときや身元を偽装するときにも役に立つはずだ。

脳のトレーニング⑬　単語リスト・ストーリー記憶法［レベル１］

次の単語リストを見て記憶し、順序どおりにリストを再現してみたまえ。このリストはストーリー記憶法を使って覚えよう。この演習では、単語のペアを覚えるときに習得した関連付けのスキルが役に立つだろう。先に進む前に、短い単語リストを使ってストーリー記憶法をしっかりマスターしておきたまえ。

海賊船　　結婚指輪
犬　　ペーパーナイフ
保護メガネ　　どんぐり

部外秘

エージェント報告書

件名　第283号事案
1955年3月21日
情報元　「シモニデス」
受領者　I・O・ミロスラフスキー少佐

紛失した文書の価値について

本日、紛失した機密文書の研究的価値についてルリヤ教授に話を聞いた。教授には、学位論文のために集めた資料のリストと偽って、文書名、テーマ、出典のリストを見せた。

A・R・ルリヤ教授の評価によると、これらの文書は興味深いものではあるが、実際に使える内容にするにはかなりの手直しが必要とのこと。しかし、ソビエト連邦内でそのような手直しが行われる見込みは低いというのがルリヤ教授の判断である。ソビエト連邦の心理学会では非科学的と考えられているテーマであり、大規模な集団に対する暗示テクニックの使用は倫理的理由から認められていないためである。とはいえ、ルリヤ教授によると、資本主義国ではそういったことは実施可能であり、特に軍事目的での実施はあり得るとのことだった。

156号

シモノフの日記

昨日、ルリヤ教授と会った。紛失した文書について意見を聞くためだ。新しい仕事のおかげで自分にどれだけすごいことができるのか、教授と会って話ができたことではっきりわかった。教授は特に重要なことは何も話してくれなかったが、とんでもなく頭のいい人と1時間近くも話ができるのは、いつだって楽しいものだ。前に教授の講義を受けたことがあるが、個人的な会話とはまったく違っていた。昨日の会話を振り返ってみると、僕は心の底から感動していたと思う。そんなことは滅多にない。教授は背が高く、額が広くて、黒い髪に白髪が交じっている。思慮深さを湛えた鋭いまなざし。明瞭で的確な話し方。自分が重要な人間であることを知っている人の落ち着き。戦争の負傷者を対象に行った仕事。脳の研究。どれも尊敬に値することばかりだ。

興奮が少し冷めたところで考えてみた。①教授は僕との会話中、暗示テクニックのようなものを使ったのだろうか？　②もしかして教授も当局の仕事をしているのだろうか？

1955年3月22日

脳のトレーニング⑭　単語リスト・ストーリー記憶法【レベル2】

ストーリー記憶法を使ってリストを覚える訓練を続けよう。今回はもっと長いリストを使い、覚えてから暗唱し終えるまでの時間を計りながらやってみよう。

生き生きとした感情を伴うストーリーを作り、情景をイメージする。視覚、聴覚、嗅覚、触覚を使い、自分をストーリーに登場させせよう。

郵便切手　チョーク

油の瓶　　　本
大理石　　　ゴム手袋
蛸　　　　　おもちゃの兵隊
巻いた針金　糸のこぎり

抽象的概念を視覚的イメージにする法

形のある物なら普通は簡単にイメージを思い描くことができる。「カップ」と聞けば、お気に入りのカップをイメージするだろう。形があり、色も重さもあるカップだ。「道」であれば、見慣れた道路のイメージが思い浮かぶだろう。しかし、「salary（サラリー＝給料）」、「happiness（ハピネス＝幸福）」、「suggestion（サジェスチョン＝提案）」のような、具体的な形のない抽象的概念の場合はどうだろう？

このような概念を視覚的にイメージする方法は２つある。１つ目は、単語の発音を利用する方法だ。覚えたい単語と同じような発音の単語を選び、その単語を視覚的にイメージするのだ。例えば、「salary（サラリー）」なら「celery（セロリ）」、「happiness（ハピネス）」なら

「happy nest（ハッピー・ネスト＝幸せの巣）」という具合だ。

2つ目は、象徴的なものをイメージする方法だ。抽象的概念を表すものとして、具体的なイメージや象徴を直観的に思い描くのだ。一般的なものでも自分だけがわかるものでも構わない。「自由」ならアメリカの独立を象徴する「自由の鐘」をイメージしてもよいし、「幸福」なら「笑顔マーク」でもよい。

象徴的なものを使う場合は、例えば「合意」なら「固い握手」、あるいはパリのコンコルド広場にあるエジプトのオベリスクをイメージすることもできる。「任務」は署名の入った正式文書で表せるかもしれない。

何と関連付けるか、何を象徴と考えるかは、人によって大きく異なる。中世ヨーロッパについて学ぶ学生であれば、「suggestion（サジェスチョン）」という言葉の響きからシュジェール（Suger）を連想するかもしれない。アボット・シュジェールは11～12世紀、パリ郊外のサン・ドニ修道院の改革と改修に尽力した人物である。このように、知識の範囲が広ければ広いほど、新しい情報が入ってきたときに関連付けがしやすく、記憶するのが簡単になるのである。

■演習⑬■単語を視覚的にイメージ

よく知らない分野、例えば工学や哲学、心理学といった分野の用語集で、適当にページを開いてみよう。そこにある単語を、発音や象徴を使って関連付け、視覚的にイメージしてみたまえ。

部外秘

紛失した機密文書の調査について

（第２８３号事案にファイリング）

エージェントが現在つかんでいる情報によると、当該文書はナチズム復興に関心のある他国の機関または人物によって盗まれたものと考えられる。

活動—資本主義国の情報機関および科学界の親ナチス組織の動きを調査する。存在がわかっている他国の諜報部員ネットワークと、紛失したドイツ国家保安本部の機密文書との間に関係があるのかどうか、ある場合はどのような関係かを突き止める。

第2総局　第9課
業務責任者
少佐　I・O・ミロスラフスキー

1955年3月24日
モスクワ

脳のトレーニング⑮　単語ペア［レベル3］

本のページを適当に開き、各行の先頭の単語を覚えよう。行の先頭が前置詞や前のページから続いている単語の場合は、次の単語にするとよい。単語ペアを覚える要領でこれらの単語を記憶したら、しおりを挟んで本を閉じる。覚えた単語リストを暗唱し、自分で答え合わせをしよう。新聞記事を使っても同じ方法でテストすることができる。

記憶力テスト⑦

誰とも親しく付き合わなかったS・Y・ベルンシュタインが、大学院生のV・M・コバレフとは親密な間柄になったのはなぜか？

A　ベルンシュタインの亡くなった息子とコバレフが友人だったため
B　コバレフがベルンシュタインにとって息子を彷彿とさせる存在だったため
C　コバレフの助けでベルンシュタインが寮に入れたため
D　ベルンシュタインは大規模集団の心理に興味があり、コバレフがその専門家だったため

非開示

参考資料

1933～1945年の間、ナチスは強制収容所の被収容者に対して人体実験を行っており、被験者のほとんどは死亡するか回復不能な心身の障害を被った。

こうした人体実験は既に実施されたものであり、その結果として病んでしまったものを回復させることは不可能である。ただ、人体実験で得られた結果のなかには、現在でも暗黙のうちに使用されているものがあり、災害の経験に苦しむ人々の救済などにも使われている。

強制収容所の被収容者に人体実験を行った「殺人医師」には、処罰を逃れた者が多くいる。なかでも最も有名なヨーゼフ・メンゲレは、戦後数年間バイエルンに潜伏。報告によると、その後はアルゼンチンに逃亡したとされている。

1946～1947年のニュルンベルク裁判では、23人が強制収容所の被収容者に対する医学的実験の罪に問われた。うち7人が死刑、5人が終身刑、4人がそれぞれ刑期の異なる禁固刑の判決を受け、残る7人は無罪となった。投獄された者でもほとんどが早期に釈放され、その後はドイツや米国の軍部や医療機関で働いている。

第２総局
大佐　K・N・ストーリン

1955年3月26日
モスクワ

フレーズを記憶する

単語リストを短時間で覚え、目に浮かぶようなストーリーを作れるようになれば、さらに多くの情報を覚えられる可能性が見えてくる。フレーズや文章を覚えられるようになるのだ。例えば、新しい仕事の説明を受けているときに、パスワードとして「ビル・ブラウンの話ではクレーンが届くのは来週だ」という文章を覚えるよう言われたとする。この文章の覚え方としては、例えばビル・クリントン元アメリカ大統領（ビル）を思い浮かべる。着ている作業着はひどく汚れ、茶色っぽく（ブラウン）なっている。建設現場に立っているビルは暗く悲し（はなし＝話）そうな顔で、黄色いクレーン（クレーン）を見上げている。クレーンのドアには有孔ボードが取り付けられており、さまざまな宅配メニュー（届く）が貼り付けてある。そこにはカレンダーも貼ってあり、来週の欄が蛍光ペンで塗りつぶされている（来週）。

この文章はもう忘れても構わない。

■演習⑭■目に浮かぶストーリーを作る

自分が知っている格言、ことわざ、フレーズから、目に浮かぶようなストーリーを作ってみたまえ。

部外秘

エージェント報告書

件名　第２８３号事案
１９５５年３月28日
情報元　「シモニデス」
受領者　Ｉ・Ｏ・ミロスラフスキー少佐

コバレフの人格およびライフスタイルについて

現在、コバレフの情報（ライフスタイル、興味関心、研究プロジェクトなど）を収集している。

コバレフはこの2年間、大学院に学生として在籍。とりたてて優秀というわけではないが、満足のいく成果は上げている。

自立心に欠ける。他者の判断や意見に頼りがち。

両親のミハイル・イリイチ・コバレフとエレナ・ビクトロブナ・コバレフは、ともにエンジニア。レニングラード在住。息子がモスクワ大学に在学中は部屋を借りてやっていたが、大学院進学後は寮に移るよう求めて仕送りを停止。父親は、息子が何でも自分の力でやるべきと考えている。

また、コバレフはやや金遣いが荒く、特にポピュラーミュージックに興味があることから、レコードは外国のものも含めて大量に購入している。

この半年の間に芸術にも興味を持ち、特に中世後期のヨーロッパ絵画に関心が高い。美術館や展覧会に足しげく通い、高価な美術カタログを購入している。

230号

脳のトレーニング⑯　テーブルに置かれた物【レベル2】

家にある物をたくさん集めてきたまえ。普段あまり使わない物のほうがよい。それを自分でテーブルの上に置くか、誰かに置いてもらおう。今回も、テーブルを頭のなかで写真に撮る。次にテーブルクロスで覆い隠し、その「写真」をイメージしながら、頭のなかで同じようにテーブルの上に配置してみるのだ。

極秘

エージェント報告書

件名　第２８３号事案
１９５５年３月28日
情報元　「シモニデス」
受領者　Ｉ・Ｏ・ミロスラフスキー少佐

エージェントの採用について

与えられた権限に従い、以下のモスクワ大学の学生および職員を採用した。

Y・I・アルヒーポフ（1935年生まれ）大学3年生
V・R・ミヒン（1929年生まれ）大学院生
L・S・ライチコ（1920年生まれ）上級講師
V・M・クラフチュクはKGBへの協力を拒否

新しいエージェントとの接触は、エージェントのE・Y・プリホチコ中尉が担当。

168号

シモノフの日記

今日、初めて自分の情報提供者を勧誘した。これまでの訓練の成果が出た気がする。信頼させることができたし、僕らに協力することに興味を持たせることもできた。

でもクラフチュクはダメだった。とはいえ、少なくとも話したことを口外しないよう説得はできたと思う。

1955年4月10日

外国語の単語を覚えるには

課報部員の訓練には必ず外国語の勉強がある。諜報部員に選ばれるのは知能が優れているからこそであり、テクニックさえ習得すれば、どんな言語でも訛りなく流暢に話せるようになるのだ。

言語を学ぶ第一段階として、知っている単語（母語）と知らない単語（外国語）をペアにして覚えなくてはならない。その手順は次のとおりだ。

①　知っている母語の単語を視覚的にイメージする。このテクニックはストーリー記憶法で学んだので、もうわかっているはずだ。

②　もう1つの単語（知らない単語）は、発音の類似性を利用する。母語の単語のなかで、この外国語の単語と似た発音のものを選ぶとよい。

③　母語の単語のイメージと、外国語の単語に似た単語のイメージを、1つのストーリーのなかで結び付ける。

例えば、フランス語のgrognon（意味は英語の「grumpy（不機嫌な）」）という単語を覚えるとしよう。この単語は発音が「groan（うなる）」と似ていることから、「grognon／grumpy」のペアを覚えるには、grumpyな（不機嫌な）男がイライラしてうなっているイメージを思い描くとよい（訳注―フランス語と日本語のペアで覚える場合は、grognonの「グロニヨン」という発音に似た日本語の単語を思い浮かべ、それをgrognonの意味（不機嫌な）と結びつければよい）。

練習を重ねれば、こうしたストーリーをすぐに作って、一度に50～70個以上の単語を覚えられるようになるだろう。

■演習⑮■辞書を購入して

ずっと勉強したいと思っていた言語の辞書で、一般的な500～1000語の単語が載っているものを購入したまえ。前述の方法を使えば、かなり早く単語を覚えることができる。夢を叶える第一歩としては最適な方法だ。

今はコバレフの情報を集めている。僕が勧誘したアルヒーポフ、ライチコ、ミヒンも同じことをしているんだと思う。本人たちとは話をしていないけれど。どうやら僕と出くわすのを避けていて、実際にライチコは、僕がそばを通りかかると顔をそむけて本を読んでいるふりをする。

コバレフは興味深い人物だ。学校では優秀だが、一生懸命に努力しているわけではない。クラスメイトは誰もコバレフが熱心に本を読んでいるところを見たことがないのに、テストではいつもAかB。大学院にも推薦をもらって進学した。特に努力するわけでもなく、持って生まれた能力だけでやっている。レコードや版画の本を持って、よくカフェに行っている。

ベルンシュタインはコバレフの手助けをしていた。コバレフは文書が紛失した件と何らかの関係があり、ベルンシュタインのことも何か知っている。でも、何も話そうとしない。

資料室から紛失した文書は、本当に重要なものだということが判明した。マインドコントロールの手順と実験結果が書かれていたのだ。いや、コントロールとは少し違う。ファシストたちは強制収容所の建物内に、あるガスを噴射したのだ。このガスを吸うと自分の頭で考えられなくなり、従順な動物のようになってしまう。文書のなかには集団催眠に関する研究論文もあり、自律訓練法や他にもいろいろなことが書かれていた。自律訓練法については本が出ているが、それ以外の内容はこれまで一度も発表されたことがなく、文書は原本しか存在しない。どうやらドイツ人たちは文書の内容を軍事目的に利用しようとしたが、そこまでの時間がなかったようだ。もし今その文書がタカ派の人間の手に落ちたら、いったい何が起こるか想像もつかない。

1955年4月16日

記憶力テスト⑧

紛失した機密文書に関する調査の事案番号は?

A　286
B　283
C　1955

脳のトレーニング⑰ 単語の拾い読み・ストーリー記憶法［レベル１］

そろそろペースを上げるとしよう。どんな本でも構わないが、ページをめくるたびに、左側のページの最後の行で最初に出てくる名詞を探す。５秒間だけその単語を見てストーリーを作ってみる。そして次のページの単語に移る。最初は単語が切り替わるペースについていくのが大変かもしれないが、徐々に記憶術を使っていることなど忘れ、読み書きをしているかのように早くストーリーを作れるようになるだろう。

D9

E236

非開示

1955年4月18日

バシリー・ミハイロビッチ・コバレフを呼び、ベルンシュタインの失踪について話を聞くこと。取り調べ中、ソビエト連邦科学アカデミーの資料室から紛失した文書についてては言及してはならない。

第2総局　第9課
業務責任者
少佐　I・O・ミロスラフスキー

（第283号事案にファイリング）

参考資料

催眠によるトランス状態は、睡眠と覚醒の両方が組み合わさった特殊な精神状態である。暗示にかかりやすくなり、普通なら決して信じないようなことでも催眠状態では素直に受け入れることがある。

現在の催眠に対する理解の基礎になっているのは、フランスの神経学者ジャン・マルタン・シャルコーとイポリット・ベルネームの研究（19世紀）である。ロシアの科学者V・M・ベヒテレフも催眠の研究を行った。この現象に長らく科学的関心が寄せられているにもかかわらず、催眠のメカニズムについてはほとんどわかっていない。大勢の観客を前にした催眠術のパフォーマンスを見ると、かかる者もいれば、かからない者もいることがわかる。人によってかかりやすさの程度が異なると考えられる。有名な催眠術師のウルフ・メッシングは催眠にかかりやすい者を選んでいる。

メッシングのパフォーマンスでは、催眠にかかった者は2脚の椅子に頭と足だけを支えられた状態で空中に横たわったり、腹部に数十キロの重りを乗せたりすることができる。痛みを感じることもない。自分について普通は話さないようなことでも話したり、催眠術師に言われるままに、おかしな行動をとったりもする。

催眠術師のなかには、いつでも誰にでも催眠術をかけることができると言う者が多いが、それは偽りである。現在のレベルでは、催眠術をかけられる人物の協力があってこそ、催眠術師がその人物をトランス状態に陥らせることができるのである。科学者らは、軍部の科学者も含め、誰に対しても本人の意思に反して催眠をかけられる新しい方法を研究しているが、現在のところそのような方法はまだ開発されていない。

第2総局
大佐　K・N・ストーリン

1955年4月19日
モスクワ

必要なものほど覚えやすい

動機や必要性は記憶に大きく影響する。例えば、鉄道の路線図で停車駅をすべて覚えようとしても、難しいだろう。車掌でもない限り、そんな情報は必要ないからだ。それに対して車掌なら行き先についての情報を毎日たずねられるため、わざわざ覚えようと努力しなくても覚えられる可能性が高いのだ。

情報は日常的に必要なもののほうが覚えやすい。脳はエネルギーを節約したがるため、入ってきた情報を重要なものとそうではないものに分類する。したがって、実際的な方法としてお勧めなのは、何かを覚えようとする前に、なぜそれを覚えたいのか、それを知っているとどんなよいことがあるのかをはっきりさせることだ。

誰かに頼みごとをしたときにも、これと同じことが言える。頼んだことを忘れずにやってもらいたければ、思い出すキッカケを作っておきたまえ。興味を持たせ、具体的にいつ、どんな状況で、その頼みごとを思い出せばよいかをはっきりさせておく。例えば、隣人に手紙を預けて投函してもらいたければ、「郵便ポストのそばを通りかかったときに、頼んだことを思い出して手紙を投函してくれたら本当に助かります」というように頼めばよい。『～したときに』という言葉で、しかるべきときに頼みごとを思い出しやすくなる。また、感謝の言葉があれば、さらに感情が刺激されることになるだろう。

必要性と動機は、記憶力に妙ないたずらをすることも多い。精神分析学の創始者ジークムント・フロイトはそのメカニズムについて、快楽を求める欲求が不快な記憶を忘れさせると説明している。この現象をフロイトは「抑圧」と呼んだ。

ある特定の人と会う約束はいつも忘れるのに、他の人と会う約束は滅多に忘れないという場合は、状況をよく考えてみるとよい。その人と話していると不快になるのではないだろうか。心の広い友人に借金を頼む場合に電話をかけ忘れるというのは考えづらいが、借金の返済を待ってもらうよう頼む場合は電話をかけるのを忘れがちなものだ。

脳のトレーニング⑱　マッチ［レベル2］

マッチの演習をもっと複雑にしてみよう。マッチの本数を増やし、誰かに頼んでマッチをテーブルに落としてもらうとよい。

少し趣向を変えて、マッチに鉛筆を混ぜてもよいだろう。紙の上で配置を再現してみよう。まずは、次の写真を使ってやってみたまえ。

部外秘

「詩人」の監視結果

１９５５年４月21日、対象者は12時20分までストロミンカ通りにあるモスクワ大学の寮室にいた。12時20分に外出し、14系統のバスに乗って地下鉄のキエフスカヤ駅に

向かう。12時50分には電車の横を、クラスノプレスネンスカヤ駅の方向に歩いていた。第7局のエージェント2人が二手に分かれて尾行。電車が発車する寸前に対象者は閉まりかけていたドアを押さえて飛び乗った。次の駅で対象者を見つけようとしたが失敗に終わった。

15時にようやくモスクワ大学の建物内で対象者を発見。15時50分、路面電車に乗ってソコリニキ公園に向かう。シナレフ中尉が監視を指揮。16時40分に対象者は公園内のカフェのテーブル席に座り、アイスクリームを2つ注文。若い女に声をかけ、自分の席に来るよう誘ったが断られた。

対象者は18時35分に公園を出て寮に向かった。監視は私が引き継ぎ、先を歩きながら尾行。

19時05分、対象者は寮に戻り、自分の部屋がある3階に上がった。尾行していたエージェントは1つ上の階まで行ってから、1階に下りて警備室で待機。15分後の19時20分、学生のK・N・バイコフが警備員のところに飛んできて医者を呼ぶよう頼んだ。3階の住人が1人病気になったのだという。

私が3階に上がると、「詩人」が廊下に倒れていた。生存の気配はなく脈も確認できなかった。10分後の19時30分、救急の医師が到着して死亡を確認。死因は突然の心不全と推定。

私はただちに「詩人」の部屋を一通り調べたが、怪しいものは何も見つからなかった。

20時にシナレフ中尉と私はカフェに戻り、対象者が使った食器を入手しようと試みたが、皿とカップは既に洗われた後だった。カフェの客で他にも同じアイスクリームを食べた者がいたが、体調に異常はなかった。

第７局
業務責任者
大尉 Ｖ・ニキフォロフ

３６g号
１９５５年４月21日
モスクワ

シモノフの日記

昨夜、招集がかかり、コバレフが死んだと聞かされた。どうやら殺されたらしい。コバレフを使ってベルンシュタインや資料室の文書の手がかりをつかみたかったのに。ああ、振り出しに戻ってしまった。

1955年4月22日

1時間後に忘れてしまう

19世紀末、ドイツの心理学者ヘルマン・エビングハウスが提唱した忘却曲線は、人が一度覚えた情報を忘れるときの傾向を示すものだ。エビングハウスは被験者に3文字からなる無意味な音節を覚えるように言い、想像力を使わず丸暗記で覚えさせた。すると、1時間後に思い出せるのは覚えた情報のわずか44%で、1週間後には25%以下にまで下がることがわかった。ただし、意識的な方法で記憶した場合は、もっと長く覚えていることができる。

情報の大部分は、覚えた直後の1時間以内に忘れてしまう。では、どうすれば覚えていられるのだろうか？　その後の実験で、反復によって忘却率を下げられることがわかっている。覚えたことを復習すればするほど、記憶に残すことができるというわけだ。

忘却率を判定した実験結果から、実際的な方法が導き出されている。まず、１回で覚えようとしても効果的ではない。段階に分け、時間をおいて復習して覚えたほうがよい。覚える時間が１日しかない場合、最も効果的な復習のタイミングは次のとおりである。

・１回目　覚えてから15～20分後
・２回目　６～８時間後
・３回目　24時間後

復習する際には、繰り返し聞いたり読んだりするよりも、覚えたことを図や文字にして書き出したり、必要なら元の情報を確認したりして、能動的に行うほうがよい。覚える時間をもっと長くとれる場合は、次のように復習すると効果的だ。

・１回目　最初に覚えた同日中
・２回目　４日後
・３回目　７日後

覚える量が多い場合は、詳しさの度合いを変えて復習するとよい。１回目は全体的に復習し、2回目は重要ポイントのみ、3回目は全部を復習するにしてもグループ分けや順序を変えるといった具合だ。詳しく復習した情報ほど簡単に思い出すことができる。

復習する回数は、最低でも3回は必要だ。諜報部員が自分の身元を偽装するカバーストーリーを覚える場合は、100回復習した後でも定期的に確認して記憶をはっきりさせておく。なにしろ命にかかわる問題なのだから。

脳のトレーニング⑲ クロスワード【6×6】

今回は、クロスワードパズルの4隅に描く正方形を6×6マスにしよう。トレーニング法は67頁を参照。できるだけ短い時間で覚えられるようにしてくれたまえ。

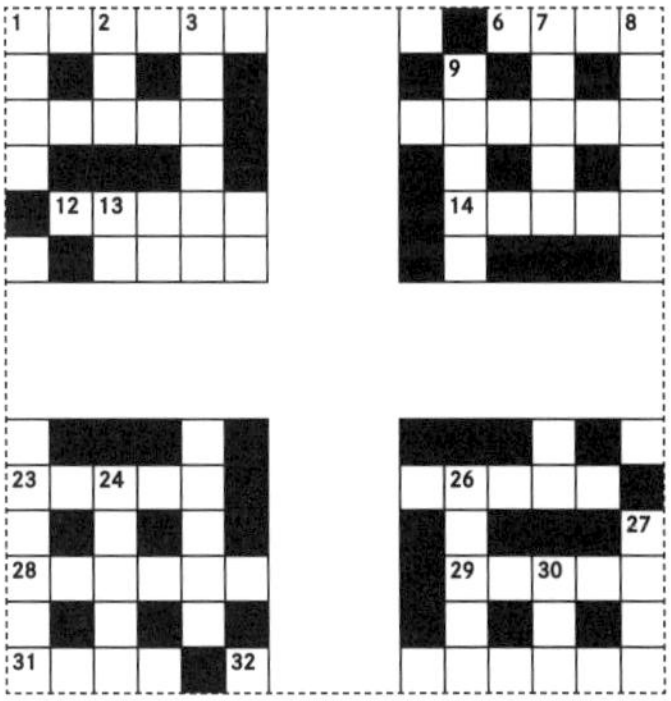

最初と最後は覚えている

記憶の系列位置効果は、諜報部員にとって極めて重要なものだ。この効果をテストするために、ちょっとした実験をしてみよう。何の準備もせずに、次の単語にざっと目を通してくれたまえ。

花火　　　　代数
オレンジ　　博士
車　　　　　雑誌
時計　　　　スタッフ
ソファ　　　高層ビル
絵画　　　　隕石

では、本書を閉じて、これらの単語を思い出してくれたまえ。

どの単語を覚えていただろうか？　「花火」と「隕石」は覚えていた可能性が高いはずだ。リストの中間の単語は正しく思い出すのが難しかったのではないだろうか？　そう、最初と最後の単語は覚えやすいのだ。

系列位置効果が働くのはリストだけではない。1日の出来事を思い出そうとした場合も、はっきり思い出しやすいのは朝と夜の出来事だ。あるストーリーを覚えるときも、時系列の途中の部分が最も難しい。

前述のとおり、系列位置効果は諜報活動でもさまざまな場面で使われている。これを利用すれば、自分が何に関心があるかを相手に気付かれないようにすることができる。本当に関心のあることは、会話の最初や最後に話題にしてはいけない。最初は抽象的な話から始め、本当に聞くべきことや話すべきことは会話の途中に潜り込ませる。会話の最後には、また何か他のことを話すのだ。

ただし、系列位置効果が必ずしもうまく働くとは限らない。相手にとって辛くてたまらないような話題の場合には、それが会話の途中だったとしても、どのみち相手の記憶に残ることになるだろう。相手が辛いと感じる部分を察知してうまく避けるのも、諜報部員の腕の見せ所だ。

また、同じ質問でも印象を変えることができる。例えば、要領の悪い人間を装い、無知で考えが浅いために不愉快な話をしてしまうといった印象を与えれば、相手は不作法で失礼な態度に気を取られ、どんな質問を受けたかは記憶の隅に追いやられてしまうのだ。

脳のトレーニング⑳　シュルテ・テーブル［5×5］

今度は別のシュルテ・テーブルに挑戦してみよう。

前回（33頁）と同じように、表の中心のマスに集中し、周辺視野で数字を探す。そのとき探している数字以外の範囲も見るようにしよう。

19	24	6	20	3
25	8	5	13	21
12	10	17	4	18
2	7	15	22	9
14	23	16	1	11

このトレーニングは今後も繰り返し行ってほしい。注意力だけでなく観察力も鍛えられ、先を見越して計画的に行動する力も養われる。

部外秘

紛失した機密文書の調査について
（第２８３号事案にファイリング）

現在の状況に基づいて考えると、紛失した機密文書に関する一連の出来事については、２通りの見解を立てることができる。

見解１　ベルンシュタインは資料室から文書を持ち出して逃亡した。コバレフは本件に関わっておらず、死亡したのは単に健康状態の悪化が原因である。

見解２　ベルンシュタインは文書を盗み、何らかのかたちでコバレフに気付かれたため、遅効性の毒を使ってコバレフを殺害した。検死結果によると死因は心臓発作となっているが、２か月前に大学病院で受けていた健康診断では心臓に異常はなかった。

心臓発作が死亡原因とは考えにくいため、殺人の可能性も排除できない。また、検死結果によると、コバレフは13時～14時の間に昼食をとり、約100～200ミリリットルの赤ワインを飲んでいる。そのときに毒を盛られた可能性がある。

見解1と2の両方を検証するには、コバレフが死亡するまでの数週間、何に関心を持ち、誰と接触し、どのような状況にあったかについて情報収集する必要がある。

それと並行して工作体制を整える必要がある。集団暗示テクニックの研究について、専門家の立場を利用して情報にアクセスできるエージェントに協力を求めること。

モスクワに他国のスパイがいる可能性があるため、第2総局は本件の調査、ならびに紛失した文書の捜索と犯人の確保を急ぐよう命ずる。

第2総局　副局長
大佐　V・I・ルーキン

1955年4月23日
モスクワ

干渉して相手を混乱させる

干渉とは基本的に、似ている記憶が混ざることである。同じような2つの記憶が互いに混ざり合い、似ていれば似ているほど記憶が不確かになる。新しい記憶のせいで古い記憶が思い出しにくくなるだけでなく、逆に古い記憶が新しい記憶を思い出すのを邪魔することも少なくない。

例えば、何年も使っている銀行のキャッシュカードの暗証番号を完璧に覚えているとしよう。そのカードが期限切れとなって、銀行から新しいカードが発行され、暗証番号を新しいものに変更したとする。最初はATMを使うたびに、古い暗証番号が自動的に頭に浮かび、新しい番号を思い出すには意識的に努力しなくてはならないだろう。しかし、しばらくすると、自動的に思い浮かぶのは新しい暗証番号で、古い番号を思い出すのに努力を要するというように変わっていく。1つの状況に関して同じような記憶がある場合、記憶どうしが互いに干渉し合うのだ。

干渉の影響を少なくするには、同じような情報は時間をおいて覚えたまえ。試験勉強をしている場合なら、同時に覚える内容はできる限りかけ離れたものにするのだ。この法則はさまざまな場合に当てはまり、取り組む内容を変えることで、エネルギーを節約することができる。

もし同じ日に、文章を編集、書評を書く、図表を作成するという仕事をするなら、文章編集と書評は分けて、間に図表を作成する作業を挟んだほうがよいということだ。

逆に、誰かに何かを忘れさせたい場合には、それに関連した話題についての情報を相手にどんどん与えればよいのだ。相手の意見を求めたり、その話題についてこと細かに話し合ったりして、相手をその話題に引き込む。すると情報量が増えて混乱が生じる。相手に忘れさせようとしていることが、普通なら覚えているはずのことでも、干渉の効果のおかげで思い出せなくなるのだ。少なくとも相手は混乱し、その記憶に自信が持てなくなる。

会話中に相手が何かを思い出そうとしているときに、それを思い出させたくなければ、「助け舟」を出してみたまえ。本当のことではなく、それに似たことを助言すれば、記憶の干渉が起きて思い出させないようにできるだろう。これは、弁護士が裁判中に証人を混乱させるために使うテクニックだ。

日常生活のなかでも、これと同じようなことが起きる場合がある。自分が何かを思い出そうとしているとき、家族や友人が助けるつもりでいろいろなことを言ってくれるが、そのせいでもっと思い出せなくなるといったような場合だ。

脳のトレーニング㉑　サイコロ［レベル３］

71頁のサイコロに色違いをさらに増やし、５秒間だけ見て数字と色を記憶しよう。

習慣を見破る

干渉が起きるのは、なにも情報を記憶する場合に限ったことではない。身に付けたスキルにも当てはまる。例えば、右側通行の国から左側通行の国に行くと戸惑ってしまうだろう。「右側通行」のスキルは役に立たないばかりか、新しい状況では邪魔になるのだ。それを克服するには努力が必要になる。

緊張状態にある場合、意識的にコントロールする力が弱まり、古い習慣が顔を出すことがある。過去には諜報活動でも、ふとした動作でエージェントの正体がばれたケースがいくつもある。

KGBはかつて、他国のスパイを見破れるように、外国人の特徴を列記した文書を配布したことがある。その文書に書かれていたのは、酒に氷を入れる、チップを払う、パンなしでディナーを食べる、といったようなことだ。このような行動は西ヨーロッパや米国ではいたって普通だが、ソビエトでは一般的ではない。

では、相手の古い習慣を引き出したい場合は、どうすればよいだろうか？　それには繊細な話題に触れるか、とっさに反応してしまうような言葉や行動で相手を戸惑わせることだ。取り乱しているときにはボロが出やすいものである。特に疲れているときや酒に酔っているときには意識的にコントロールする力が鈍るため、相手の隠れた習慣を見破る方法として有効だ。

シモノフの日記

この数日間は、今までにないほど仕事と勉強が盛りだくさんだった。調査がすみやかに進展する希望はコバレフの死によって断たれてしまった。残されたのは、やたら細かい仕事が山積みの日々。もしハードな訓練をいつもどおり続けていなかったら、仕事に退屈してしまっていただろう。昨日の帰り道、ついに、訓練の成果が開花する感動の瞬間が訪れた。今までスクールや大学で習ってきたことが、すべて収まるべきところに収まったのだ。突如として、他の人たちの考えていることや感じていること、話の内容や行動、その人たちの関係などが、手に取るようにわかるようになった。そして、そのすべてに対して僕が影響を及ぼすことができるようになったのだ。

地下鉄の乗客を見ても、どんな1日を送ったのかがわかる（1週間だってわかる！）。表情、姿勢、服装、靴、それから持っているカバンからですら、いろんなことがわかるのだ。僕はあまりにも嬉しかったので、地下鉄を出たあと知らない女の子2人にキスをして、酔っ払いか頭がおかしい男だと思われてしまった。そこで、その子たちに聞いてみた。この時間でも花を買えるところを知らないか、第18産婦人科院の場所を知らないかって。すると、その子たちは少し態度が柔らかくなってクスッと笑い、お役には立てないわと言った。僕は夜の闇に消え、その子たちはそこに残って「若い父親」について喋っていた。おかしなキス魔のことは忘れて。

人の記憶には、会話の最後に聞いたことが残る――習ったとおりだ。

1955年4月25日

相手の記憶をかく乱する

部分的に思い出すことで他の部分を忘れてしまうという記憶の性質には、気付いた人も多いだろう。試験前に時間が足りず、習ったことを全部は復習できなかった場合などに起きる。試験で出題されたときに回答するのが最も難しいのは、項目だけ確認して復習しなかった問題である。

ある出来事について大量の情報を記憶していると、特定のことを詳しく思い出そうと思っても、先に他のことを質問されると思い出すのが難しくなる。事件の目撃者も、最初に犯人のメガネの形を質問されると、そのあとで犯人の上着の色をなかなか答えられないことがある。これは裁判で証人を混乱させる場合、特に犯人を一瞬しか見ていなかったときに、よく使われるパターンだ。腕利きの弁護士は証人に些細なことを具体的に質問しておいて、タイミングよく話をさえぎることで、証人に自信を失わせ、証言の矛盾を突くのである。

自分に情報を提供してくれた相手に、自分がした質問のことを忘れさせたければ、次に会ったときにそれ以外の質問だけを全部もう一度たずねよう。元の質問は情報提供者の頭のなかから追い出されるか、少なくとも記憶が薄れるはずだ。エージェントの訓練でも、この法則のことを考えてほしい。覚えたことをランダムにチェックしていると、再確認しなかった内容が記憶から薄れることに気を付けよう。

脳のトレーニング㉒　マッチ［レベル3］

128頁のマッチの演習を忘れずに続けよう！　マッチの配置を記憶しやすくするには、マッチをグループ化し、図形として見るとよい。適当に散らばったマッチを見て、何かをイメージできないだろうか？　そのイメージを使って記憶するのだ。

うまく覚えられなくても諦めてはいけない。繰り返し挑戦したり、難易度を下げたりしながら、定期的にこの演習に取り組んでくれたまえ。

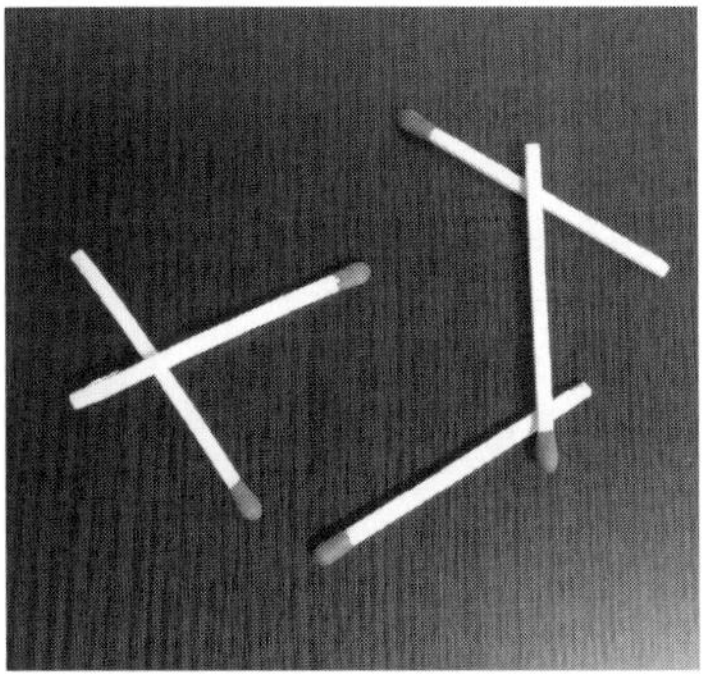

役立つツァイガルニク効果

ツァイガルニク効果とは、最後まで終わった課題よりも、中途半端になっていたり、中断されたりした課題のほうがよく覚えているという現象のことだ。あるときカフェに座っていた心理学者のクルト・レヴィンとブルーマ・ツァイガルニクは、ウエイターが注文をメモしなくても正確に仕事をこなしていることに気付いた。ところがそのウエイターは、たった今カフェを出ていった客のオーダーした飲み物を聞かれても、まったく覚えていなかったのである。

その後の実験で、頭を使う課題が中断された場合、最後まで終わった課題よりも2倍よく覚えていることがわかった。中途半端な行為のほうをよく覚えているのは、おそらく動機を保つ緊張感が続くことで記憶力が活性化されるためと考えられる。課題を達成すれば動機が消失し、その行為に関することはすべて忘れてしまうというわけだ。

ツァイガルニク効果は実際に役立つものだ。例えば、長い文章を書く作業を中断するなら、章の途中で中断したほうが、次にこの作業を再開するのが簡単になる。どこで中断し、何を書こうとしていたかを、すぐに思い出すことができるのだ。

最後まで終わっていない行為をよく覚えているという現象は、コミュニケーションの場面にも当てはまる。議論が盛り上がっている最中に結論を出さないまま会話を中断すれば、かなり大きな影響を相手に与えることができる。相手は論点を振り返ってよくよく考え、こちらの意見に同意する可能性が高くなるのだ。

記憶力テスト⑨

ＫＧＢの科学資料によると、軍部の科学者らが暗示テクニックの研究で目指している方向性は？

Ａ　催眠トランス状態で、知覚した情報に対する疑念を取り除くこと
Ｂ　催眠トランス状態で、痛みを取り除くこと
Ｃ　催眠トランス状態で、人間の体力を強化すること
Ｄ　催眠をかけられる人の協力がなくても、誰にでも催眠をかけられるようにすること

第3章 非常勤エージェント Chapter Three

非常勤エージェントは諜報活動が本職というわけではない。他のエージェントと連絡を取り任務を伝えるなど必要な装備や重要な情報を提供することも多い。その一方で、一般人としての生活を営んでいる。仕事に行ったり友人と会ったりしながら、諜報活動として情報収集も行っているのだ。

忘れることの重要性

忘れることは、記憶にとって極めて重要な機能である。脳が情報であふれかえってしまうのを防いでいるのだ。

まず、ずっと使っていない余計な情報は忘れてしまう。このような情報は、元の状態のままでは保存できなかったり、そのまま保存しても実用的ではないため、脳が処理して、ひとまとめにしてしまうのだ。それが直観という、論理的には説明できない感覚として表れることもある。実際には忘れてしまっていても、これまでに経験した同じような状況に基づいて、脳が直観的な手がかりを与えてくれるのだ。

また、不快な情報も忘れてしまう。親族の死、恐ろしい事故や災害、犯罪、自分の価値観や信念に反する行為といった辛い記憶は、精神的苦痛を和らげるため、無意識のうちに記憶の外に追いやられる。

忘却の過程は経時的なものである。情報を受け取った瞬間から時間が経てば経つほど、忘れる可能性が高くなる。ある諜報活動に関わっている諜報部員にとって、その事案から長期間離れることは大きなマイナスである。感覚的に話の流れを忘れてしまい、また一からやり直さなくてはならない可能性があるからだ。

とはいえ、1~2週間程度の短期間なら、離れるのも役に立つことがあるということを知っておいてほしい。少し時間をおくことで、視野を広げることができるのだ。さして重要ではない些細なことが背景に沈み、本質がはっきりと浮かび上がって、新鮮な目で問題を見られるようになる。それまで気付かなかったパターンが見えてきたり、新しい発想がわいてきたりするのだ。

心理学では、人は一度取り入れてしまった情報を忘れることはできないが、その情報を記憶から取り出せなくなることはある、という理論がある。忘れた情報は完全に消えてしまうわけではない。特定の状況下で、また思い出すことがある。これについては、大脳皮質のある部分に刺激を与えると忘れていた記憶が呼び起こされることが、神経外科的実験で実証済みだ。

ただし、大脳皮質を直接刺激することだけが、忘れていた記憶を思い出す方法というわけではない。記憶をよみがえらせる方法がいくつかあることは前述したとおりである。そのなかで最も重要なポイントは、その情報が取り入れられた状況を頭のなかで再現することだ。

歴史ある場所記憶法とは

単語リストを覚える方法はストーリー記憶法だけではない。ストーリー自体は重要ではなく、ただ単語どうしを関連付け、イメージ化して、感情を伴う状況に落とし込むための手段でしかない。記憶するために必要なものは、関連付け、イメージ、感情であり、それを土台とした方法が他にもう1つある。それが場所記憶法だ。ストーリー記憶法はイメージをストーリー展開に結び付ける方法だが、場所記憶法は家や部屋、道路のような身近な場所にイメージを配置する方法である。

場所記憶法の歴史は古い。古代ローマの弁論家マルクス・トゥッリウス・キケロが記した伝説によると、場所記憶法は紀元前5～6世紀のギリシャの抒情詩人、ケオスのシモニデスが発明したとされる。シモニデスは宴の最中、誰かに呼び出されて建物の外に出た。そのとき建物の屋根が崩れ落ち、シモニデス以外の宴の客は全員が死亡した。遺体は判別がつかなかったが、シモニデスは誰がどこの席に着いていたかをすべて記憶していたため、亡くなった客の親族らが遺体を見つけることができたという。

キケロは著書『弁論家について』のなかでこのエピソードについて語り、結論として、物のリストを記憶するには頭のなかにそのイメージを描き、想像上の場所に配置する必要があると述べている。場所を移動する順序がそのまま物を記憶する順序になるわけだ。

キケロも自分が行う演説を覚えるときには場所記憶法を使っていた。演説の練習をしながら家のなかを歩き、それぞれの部屋に特定のテーマやアイデアを関連付けていたのだ。

他にも場所記憶法を使った例として有名なものに、ジュリオ・カミッロの「記憶の劇場」がある。16世紀のルネッサンス時代、哲学者にして錬金術師のカミッロは、人間の知識をすべて体系化し、それを独特な建築物のかたちで表そうとした。それが記憶の劇場である。構想では知識分野ごとに区画が分けられ、全区画がつながっていて、それぞれの区画には完成されたイメージが描かれていた。カミッロは実際に木造の劇場のひな型まで作っていたが、劇場が完成することはなかった。劇場について詳しく書き記すという基礎的な仕事も最後まで終わってはいない。しかし、さまざまな知識を視覚的に表現し、それを互いに結びつけるという概念は、カミッロの同時代人に大きな影響を与えた。

記憶術は常に政治や国際関係、諜報活動と結び付いている。ケオスのシモニデスは、ペルシア戦争の詩を詠んだことからギリシャで政治的影響力を持つようになっただけでなく、外交にあたって紛争を解決し、流血の争いを防いだ。キケロはローマの政治における重要人物であり、独自の弁論術と記憶術で人気を博して執政官にまで上り詰めた。ジュリオ・カミッロが仕えていたのは、30年間にわたってフランスを統治したフランソワ1世である。

アリストテレス、セネカ、アウグスティヌス、アルベルトゥス・マグヌス、トマス・アクィナス、ジョルダーノ・ブルーノ、ルネ・デカルト、フランシス・ベーコン、ヴィルヘルム・ライプニッツ――これは、記憶の理論と実践に貢献した名だたる人物たちの、ほんの一握りにすぎない。いずれもその時代に大きな影響を与えた人物であり、なかには諜報機関やスパイ活動に関わっていた人物もいる。

場所記憶法の手順

この記憶法をマスターするには、手はじめに、あまり広くない、よく知っている場所を使おう。自分が住んでいるアパートなどがよいだろう。部屋をイメージして、さまざまな物を配置できる場所を探してみよう。

自分のアパートに、玄関、リビング、廊下、台所、風呂場があるとしたら、頭のなかですべての場所を時計回りに通っていく（難しければ、実際にアパートのなかを歩き、じっくり部屋を見回してみよう）。すると、例えば次のような物に気付くだろう。

①玄関

小さな椅子
3段の飾り棚
コート掛け

②リビング

コーナー棚

本棚２台
ソファ
机
窓台
サイドボード
壁に掛かった絵

③廊下

④台所
床に置かれた猫用の皿
テーブル
小さなソファ
その他

小さなアパートでも、20～30か所は物を置ける場所が簡単に見つかるだろう。もちろん実際は、自宅も物を置ける場所もこれとは違っているはずだ。重要なのは、自分がよく知っている場所だということだ。

そして、これが単語リストだ。

花火　　　　代数
オレンジ　　博士
車　　　　　雑誌
時計　　　　スタッフ
ソファ　　　高層ビル
絵画　　　　隕石

この単語リストは、次のようにして記憶することができる。

玄関のドアを入るとすぐに花火が目に入る。火の点いた回転花火が廊下の椅子にくくり付けてある。ヒューヒューと音を立て、回転しながら熱い火花を散らしている。廊下は煙と火薬の強烈な匂いが充満している。飾り棚の最上段には色鮮やかな熟れたオレンジが入っている。あまりに大きいので、無理に棚に押し込んであったオレンジだ。皮が割け、強い匂いを放つベトベトした果汁が下の段に滴り落ちている。２段目の棚には小さな車があるが、酸性のオレンジ果汁がかかって車体が赤い錆で覆われている。飾り棚の３段目では、大きな時計がチクタクと音を立てている。どんどん錆びていく車がそこに放置されている時間を刻んでいるのだ。飾り棚の隣にはコート掛けがあり、そこには緑色をしたベルベットの、座り心地の良さそうなソファがかかっている。ソファを持ち歩くのは便利なものだ。疲れたらいつでも座れる場所がある。とはいえ、どこに片付ければよいのだろう？　そう、もちろんこのコート掛けだ。

リビングには、ドアを入ってすぐのところにコーナー棚がある。その上に何があるかを見ようと思っても、どういうわけかそこにかかっている大きく色鮮やかな絵画が邪魔になって、まったく見えない。棚が見えるように絵画をどかそうとしても、釘で固く打ちつけられている。１つ目の本棚にあるのは代数の問題だ。いや、問題というより、それをインタラクティブなグラフにしたものだ。隣にある２つ目の本棚のなかには、数学博士が満足気な表情で座っている。まさにこの公式を研究することが長年の夢だったのだ。興奮した様子の博士はこの問題から離れる気がなく、いつまでも本棚のそばに居座っていそうだ。ソファの上には巨大な雑誌がある。どう見ても博士が持ち込んだもののようだ。とんでもなく大きく重いこの雑誌がソファに置かれているのも無理はない。他はどこにも置き場所がないのだから。雑誌はソファにめり込んでいる。そもそも博士はどうやってこれを持ってきたのだろう？　机の上には雑誌の編集スタッフたちが座っている。せまい空間に編集長はじめ大勢のスタッフがひしめき合い、雑用係の少年が机の隅にぶら下がっている。編集者が仲間内で大声で議論しているので、隅に追いやられてしまったのだ。机の横にある窓台には、雑誌のスタッフがいつか住みたいと夢見ている高層ビルの模型が置かれている。ただ、この高層ビルは形があまりにも変わっているので、本当に建設されることはなさそうだ。どうやらこのスタッフたちは、他人の部屋を渡り歩いているようだ。サイドボードの隅に、何か奇妙なものがある。隕石だ。でこぼこの表面は溶け、錆で赤くなっている。まるでガウディが設計した建築のようだ。まだ熱く、焼けた鉄のような匂いがしている。おそらく落ちてきたのは最近だろう。これが唯一、アパートのなかで興味をひかれたものだ。つい最近ここに持ち込まれた隕石。サイドボードのところに腰を落ち着けて、発見した隕石をよく調べてみる。

このイメージは奇妙でばかばかしく思えるだろうが、それがよいところなのだ。これなら覚えるのが簡単だ。大事なことは、よく知っていて覚えやすい空間に、リストにある物を配置することである。ここでも記憶術の3原則がしっかり活かされている。

①　関連付け――よく知っている場所に物を関連付けている。物どうしを関連付けている部分もある。
②　イメージ――すべての単語が、動く物、音を立てる物、重さや色、味、匂い、手触りの

③ある物として、はっきりと感覚的にイメージされている。
感情――花火で火傷をしないかと心配になる。オレンジジュースは飲みたいが、酸っぱい味や、飾り棚の壁面にこびりついているところを想像すると顔をしかめたくなる。錆びていく車を見てかわいそうになる。ソファをずっと持ち歩く男に驚く。絵画の後ろに何があるか気になる。重い雑誌を運ぶ博士のことが心配になる。

場所記憶法を使うには

場所記憶法を使うためには、よく知っている場所が必要だ。その場所を自由に歩き回り、想像のなかだけで部屋から部屋に移動することができ、次に何があるかをはっきりと覚えていなくてはならない。具体的に言うと、ドアを開けるとクローゼットがあることを覚えているだけでは不十分だ。クローゼットの大きさ、形、色、感触、ドアがきしむ音、なかの匂いまで、すべてをイメージできる必要がある。

物を配置するときには、それぞれ違う場所を選ぶほうがよい。同じような本棚や隣り合わせで並んでいる本棚を選ぶと、記憶のなかで干渉が起きて、物を混同してしまう危険があるからだ。
場所記憶法を習得する場合は、実在の場所、なかでも自分で訪れることのできる場所を選ぶとよい。この記憶法を習得したら、完全に空想の世界で力試しをしてみよう。記憶しやすい場所を空想し、細かいところまですべてを考えよう。何度も繰り返し考えるうちに、空想の場所でも自由に場所記憶法を使えるようになるだろう。

■演習⑯■実在の場所を使って

場所記憶法に使う場所を3か所選ぼう。頭のなかでそれぞれの場所を歩き回り、物と配置場所をすべて想像してみたまえ。どの場所にも大きさ、形、色、重さ、手触り、匂いがある。その場所で、想像上の家具を動かしたり、テーブルを軽く叩いたり、ドアを開けたり、肘掛けに触れたりしてみよう。

実在の場所を使ったあとは、想像力を働かせて想像上の場所を作り上げてみよう。

体の部位を使って記憶する

短いリストなら、体の部位を使って覚えることもできる。スピーチに備えて、話の概要を覚えなくてはならないとしよう。この場合、スピーチの冒頭部分の内容をイメージ化し、このイメージを足に配置して、靴に結び付けるとよい。2番目の部分は脛に、3番目は膝に結び付けることができる。

物を配置できる体の部位は10か所以上ある。

①足　⑥腹
②脛　⑦胸
③膝　⑧肩
④腰　⑨首
⑤ウエスト　⑩頭

この記憶テクニックを使えば、同僚や初対面の人を前にしてプレゼンテーションを行う場合でも、思考の流れが途切れることなく話をすることができる。

脳のトレーニング㉓　単語リスト・場所記憶法【レベル1】

シンプルな演習で場所記憶法を習得しよう。リストを覚えるときには、よく知っている空間に頭のなかでリストの物を配置する。記憶するための空間として、体の部位を使ってみよう。

部外秘

紛失したドイツ国家保安本部の文書の調査を可及的速やかに進めるため、エージェント「シモニデス」に業務担当者の権限を付与し、「シモニデス」が採用したエージェントの「考古学者」、「ミハイル」、「ロストヴェッツ」と連絡を取り合うことを許可すべきと考える。

また、心理学における研究成果の情報入手に関心のある諜報部員ネットワークを特定するため、「シモニデス」に工作を任せることを提案する。

第２総局　第９課
業務責任者
少佐　Ｉ・Ｏ・ミロスラフスキー

１９５５年４月28日
モスクワ

脳のトレーニング㉔　単語リスト・場所記憶法［レベル２］

場所記憶法を使って単語を記憶するスキルをマスターしよう。今回は、自分の部屋やアパートの空間を想像してみたまえ。

昨日、上司と会って、僕が昇進したと聞かされた。非常勤だが、とうとう工作員になれたのだ。つまり、ただ情報を収集するだけではなく、工作にも参加するということだ。もっと注意深くやらなくてはいけないということでもある。

4月は本当にいろいろなことがあった。さらに訓練を重ね、Zと別れ、初めて自分でエージェントを勧誘した。コバレフの調査と死亡、そして昇進もあった。今となっては、以前のように学部長室で働くだけの生活なんて到底考えられない。毎日が有意義で充実している。

1955年4月30日

ストーリー記憶法と場所記憶法の長所と短所

既に学んだとおり、リストを覚える方法にはストーリー記憶法と場所記憶法の2つがある。

この2つの方法にはさまざまな共通点があるが、根本的に共通しているのは、関連付け、イメージ、感情という記憶術の３原則を踏まえていることだ。その一方で、異なる点もある。ストーリー記憶法では物どうしを関連付けるのに対し、場所記憶法では想像上の空間で物とその配置場所を関連付けるのである。

どちらの方法も使えたほうがよいが、おそらくどちらか1つを選んで使うか、課題によって方法を使い分けることになるだろう。それは自分で決めればよい。どちらの方法にもメリットとデメリットがある。


場所記憶法で最大のメリットは、ストーリー全体を思い出さなくても、記憶したリストにあった物を見つけられることだ。例えば、先ほど覚えたリストの5番目にあった物を見つけるには、想像のなかでまっすぐコート掛けに行けば、そこにソファがあるというわけだ。

もちろん場所記憶法には限界もある。第一に、長いリストを覚えるには、広い空間を想像する必要がある。第二に、別々のリストを混同しないようにするには、よく知っている場所が何か所もなくてはならない。場所記憶法には主にこうした限界があるが、それでもストーリー記憶法よりこちらの方法を好む者もいる。

それというのも、同じ場所を繰り返し使うことができるからだ。記憶したリストが要らなくなれば、それを覚えるために使った空間を想像のなかでひと回りし、イメージを取り除いて空間を空っぽにすればよい。もう一度見て回って何も残っていなければ、その空間をまた利用できるということになる。

脳のトレーニング㉕　単語の拾い読み・場所記憶法【レベル2】

本のページをめくるたびに1行目の最初に出てくる名詞を拾っていく方法で、単語を覚える練習を継続しよう。ストーリー記憶法（100頁参照）よりも場所記憶法（153頁参照）のほうが便利で効率的な場合が多い。

■演習⑰■単語リストを覚える

ストーリー記憶法と場所記憶法のどちらか1つを使って、単語リストを覚えよう。どちらの方法が自分に合っているかを見極めてくれたまえ。

リスト1　**リスト2**

部外秘

エージェント報告書

コーヒー　冷蔵庫
海　改ざん
画面　接尾辞
ドア　束縛
クレーン　驚き
馬　ナビゲーション
雷　対称
ツグミ　観覧車
終わり　発光
神話　創造性

件名　第283号事案
1955年4月30日
情報元「シモニデス」
受領者　I・O・ミロスラフスキー少佐

コバレフの交友関係について

外国人居住者とのつながりでコバレフの交友関係を調べたところ、次のことがわかった。

コバレフが親しくしていたフランソワ・ルグリは、在ソビエト連邦フランス大使館の文化顧問ジャン・ルグリの息子である。

また、コバレフはレニングラードのエルミタージュ美術館で、身元不明の外国人芸術愛好家と親しくなった形跡がある。2人は何度か会っていた。

イタリア芸術に関するスペイン語の本（ソビエト連邦では未発売）が数冊、コバレフの部屋で見つかっている。

２１５号

シモノフの日記

現在、２人の外国人について調査中。フランス人の父親と息子だ。このフランス人親子の立ち居振る舞いときたら、ソビエト人とは大違いで驚かされる。特に父親は、大使館員だからかもしれないが、品格と自信がにじみ出ている。これがステータスというものか。もしこの男がスパイの現行犯で捕まったら、いったいどんな顔をするだろう？　聞くところによると、大使館員は罪を問われることはなく、国外に追放されるだけらしい。それでも在留外国人には恐ろしいはずだ。ＫＧＢに正体を知られたら、自国に帰ったってお先真っ暗なのだから。

１９５５年５月１日

記憶力テスト⑩

紛失した文書を発見するという任務を遂行するためにシモニデスが勧誘したエージェントは？　3人の暗号名を記述すること。

脳のトレーニング㉖　単語リスト［レベル3］

ストーリー記憶法と場所記憶法をマスターしたら、さらにスキルに磨きをかけよう。もっと長いリストにしたり、制限時間を短くして覚えてみよう。3〜4個のリストごとに、2つの方法を交互に使うとよい。

部外秘

フランソワ・ルグリの調査メモ

第２８３号事案

フランソワ・ルグリは、在ソビエト連邦フランス大使館の文化顧問ジャン・ルグリの息子。１９３３年生まれ。モスクワのフランス大使館領地に居住。外交特権なし。

当該文化顧問はフランスの諜報機関とつながっているとの情報がある。大使館員の身分を隠れ蓑にして、モスクワに居住するフランス人エージェントを統括している可能性がある。他国諜報機関が居住者の家族を利用しているケースもあることが報告されているため、フランソワ・ルグリを監視下に置いている（対象者「ダンディ」）。

フランソワ・ルグリは交友関係が非常に広い。第７局のエージェントの報告によると、コバレフとルグリはジェルジンスキー広場とキーロフ通りで会っていたという情報や、一緒にモスクワ中を散歩していたという情報があり、その際に大きな紙袋や包みを交換していた模様。会っていることを隠していた様子はない。エージェントをまこうとする動きや監視に対抗する行動も見られなかった。

大使館との摩擦を避けるため、フランソワ・ルグリの交友関係については何も措置を講じていない。

第2総局　第9課
業務責任者
少佐　I・O・ミロスラフスキー

1955年5月3日
モスクワ

脳のトレーニング㉗　単語の拾い読み［レベル3］

ストーリー記憶法と場所記憶法を交互に使って単語リストを記憶しよう。今回は、1つの単語にかける時間を3秒にしてみよう。

シモノフの日記

資料室から消えた文書の件は、行き止まりにぶつかってしまった。少なくとも僕にはそう見える。コバレフは死んだ。ベルンシュタインもきっと死んでいるだろう。あのフランス人親子は、ナチスのサイコパスがやった研究にはまったく興味がないように思える。解決をみる事案ばかりではないことはわかっているが、僕にとって初めての事案を絶対に未解決に終わらせたくない。

前向きに頑張ろう。

１９５５年５月10日

数字はこう覚える

数字を覚えるのは難しいと感じる人がほとんどだが、それはおそらく数字が情報としては最も抽象的で、単語や名前ほど具体的な実体がないからだろう。数字をもっと具体的なものにして覚えやすくするには、視覚的イメージに変換すればよい。まず、1桁の数字のイメージを思い描き、それができれば今度は2桁でも3桁でも、まとまりとしてイメージを作り上げる。数字の覚え方の規則は、他の誰かが作ったものだと、普通はほとんど役に立たない。記憶術の使い手として経験を積めば、自分で独自の規則を作れるようになる。
数字を視覚的イメージに変換する方法には、さまざまなものがある。その1つは、次のように、数字の形に似た物をイメージするやり方だ。

0↓ボール、帽子、指輪
1↓ロウソク、槍、羽根
2↓白鳥、カタツムリ、電気スタンド
3↓口ひげ、雲、ラクダ（横向きに見た場合）
4↓椅子、帆船、風向計
5↓クレーンのフック、ひしゃく、ヤシの木
6↓象の鼻（鼻を丸めた様子）、手押し一輪車、茎の付いたスイカ
7↓ドアノブ、電気スタンドの支柱、ゴルフのクラブ
8↓メガネ、砂時計、自転車
9↓ひもの付いた風船、鎖の付いた片眼鏡、棒付きキャンディ

数字を発音の似たものや韻を踏んでいるものに変換する方法もある（※）。

0 (zero) → hero, mirror
1 (one) → gun, fun, sun
2 (two) → tooth, glue, clue
3 (three) → tree, tea, degree
4 (four) → door, store, war
5 (five) → wife, live, dive
6 (six) → sticks, ships, eclipse
7 (seven) → heaven, servant, server
8 (eight) → gate, skate, aid
9 (nine) → night, fine, wine

※訳註——英語の場合は、アクセントのある音節の母音が同じ単語が、発音の似た単語として用いやすい。日本語の場合は、文字と発音が完全に一致しているため、例えば「1」なら「いち」を含む単語（イチゴ、イチョウ、一輪車など）を用いるとよい。

数字を映画の登場人物に変換することもできる。

0↓怪傑ゾロ
1↓101匹わんちゃん
2↓トゥー・ルーニーズ
3↓三銃士
4↓ヨハネの黙示録の四騎士
5↓キャプテン・プラネット（5人の指輪）
6↓バイオニック・シックス
7↓白雪姫（7人のこびと）
8↓眠れる森の美女（「8」は女性の形に似ている）
9↓ロード・オブ・ザ・リング（選ばれし9人の勇者）

数字を視覚的イメージに変換する方法については、既存の規則を使ってもよいし、もっと自分に合った規則を作っても構わない。要するに、自分にとって具体的ではっきりとした視覚的イメージがわきやすい規則であればよいのだ。また、それぞれの数字のイメージは似通っていないほうが好ましい。似たイメージだと干渉が起きる可能性があるからだ。

ひと続きの数字を覚えるには、数字を1つずつイメージ化して、それを使ったストーリーを想像するだけでよい。仮に自分の電話番号が１２０―１５８０だとしたら、この番号を覚えるために、次のようなストーリーが想像できるだろう。ゆっくりと風に舞う1本の羽根（1）。落とし主は空を飛ぶ白鳥（2）だ。黒い帽子（0）を被った白鳥は、火の点いたロウソク（1）を片足に持ち、ひしゃく（5）が起こす風から火を守っている。ひしゃくの柄には砂時計（8）が付いていて、白鳥が円（0）を一周描いて飛ぶのにかかる時間を計っている。

他の例も挙げておこう。クレジットカードの暗証番号４８３７を覚える場合だ。今度は次のようなストーリーを作ることができる。帆船（4）が航行している。海が凪いでいるので、乗組員たちは帆船に自転車の車輪（8）を取り付け、一生懸命にペダルを漕いで船を速く進めようとしている。しかし、空に流れる雲（3）にドアノブ（7）が付いていたので、もうペダルを漕がなくても、そのノブをつかむだけでよくなった。

イメージに置き換えて数字を覚えるテクニックは、記憶術全般に共通した原則がベースになっている。抽象的な数字を視覚的なイメージに変換し、そのイメージどうしをストーリーのなかで関連付ける。そしてストーリーが奇抜なほど覚えやすくなるというわけだ。

単語に比べると、数字の覚え方を習得するのは少し難しいが、それでも不可能なわけではない。記憶術の達人になると、円周率を何桁まで覚えられるかという記録に挑戦したくなるようだ。現在のギネス世界記録は11万桁を優に超えている。

■演習⑱■暗証番号を覚えよう

銀行キャッシュカードの暗証番号、書類番号、家族や友人の電話番号や誕生日など、自分が個人的に使う数字情報を覚えよう。

■演習⑲■パスワードの覚え方は

よく言われるように、コンピューターのパスワードで最も安全性が高いのは、文字、数字、記号を組み合わせたものだ。自分のデータを保護する複雑なパスワードをいくつか作り、それを覚えよう。パスワードに含まれる文字については、その文字で始まる単語を文字ごとにイメージすればよい。記号は、形が似ている物をイメージしよう。＠なら尻尾の長い犬やボールのなかで体を丸めている猫、＃は窓の格子、＄は硬貨や紙幣、％は顔（目と目の間に長い鼻）、∧は家や屋根といった具合だ。

仮にパスワードが「ｒ４５∧ｈｌｍ」だとしたら、次のようなストーリーが考えられる。1匹のラット（rat）が帆船（4）を引きずっている。帆船には、舵の代わりに大きなひしゃく（5）が取り付けられている。船の屋根（∧）は小さく、植物のホップ（h）でできている。その屋根の上にはライオン（l）が何頭かいて、ホップの茎から毬花を摘んでデッキに投げると、デッキでは猿（m）たちがそれを拾っている。

覚える量やストーリーを作る回数が増えるほど、短い時間で簡単にできるようになる。

シモノフの日記

訓練はサーカスよりおもしろいときがある。僕たちは自分のことを何も話さずに、２時間でも誰かと会話を続けることができる。どんなに内気な相手でも、心を開かせて必要なことを聞き出せるし、話の行間を読むこともできる。相手をすっかり煙に巻いたり、何か特定のことに注意を向けさせることだってできる。

こんな課題もあった。１日中タクシーで街を走り回り、夜にはそのドライバーに関する情報をすべて報告するのだ。ドライバーの名字と名前、生まれた場所、住んでいる場所、家族構成、子どもの年齢、自分の仕事が好きかどうかなど。ポイントは相手の「話のツボ」を見つけること。そうすれば、もうこっちのものだ。ツボにはまる話だと、そういう会話を始めるよりも、会話から抜け出すほうが難しいのだ。

でも、催眠術となると……これはまったく別物だ。今日、スクールで催眠術の講習があった。Kという生徒が催眠術にかけられ、いろいろと質問をされた。Kの答えから、K自身だけでなく僕たちに関しても、おもしろいことがたくさんわかった。僕たち生徒は訓練以外でほとんど会話なんてしないのに。催眠中のことを覚えている人もいるらしいが、Kは自分が話したことを覚えているだろうか。

催眠術師が誰なのか秘密だったので、姿を見ることはできず、声を聞いただけだった（Kは姿も見たのだろうか）。それでも、厚い衝立の向こうから聞こえる言葉だけで、僕まで催眠術にかかりそうになった。他のみんなも同じ様子だった。なんてすごいんだろう。それに恐ろしい。あんなふうに質問されるなんて僕はまっぴらだ。

1955年5月15日

脳のトレーニング㉘　地図【レベル１】

　本やインターネットに載っている地図を見てみよう。自分で簡単なコースを設定し、どの道を通るかメモしておく。地図を片付け、自分で決めたコースの道順を2~3分で書いてみよう。それを覚えたら、地図で正しいコースを選び、実際にその道を歩いているところをイメージしてみよう。左右には何が見えるだろうか？　どこを曲がればよいだろうか？

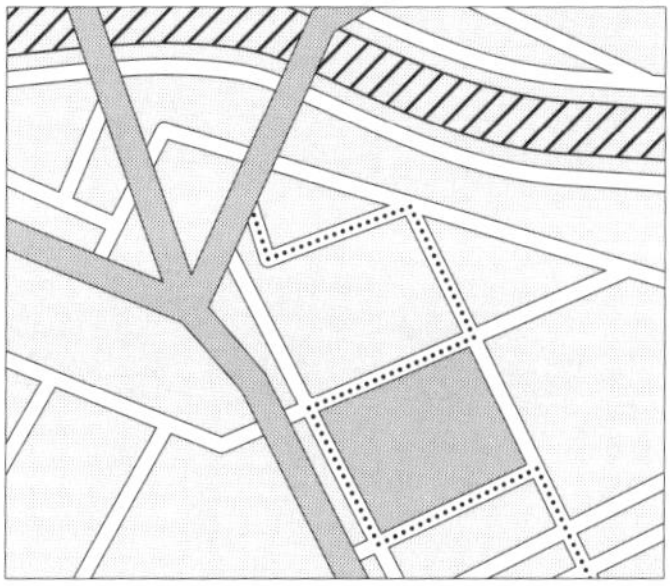

部外秘

「ダンディ」の監視結果

5月5日、対象者はモスクワ大学の学生E・F・プリバロフ（1935年生まれ）と会い、5月7日にはモスクワ物理工科大学の学生M・R・グリゴリエフ（1935年生まれ）とV・L・ルーキン（1935年生まれ）、そして5月8日には11SSの学生A・A・フォミン（1933年生まれ）と会った。場所はゴーリキー公園、ニェスクチニ公園、蜂起広場のベンチ。いずれも「ダンディ」が分厚い包みを渡していた。

監視を続けたところ、「ダンディ」と会っていた人物はいずれも自宅に帰った。監視への対抗行動は見られず、監視を逃れようとする動きもなかった。

「ダンディ」と会っていた人物らに第7局の職員が話を聞いたところ、協力は得られず、「ダンディ」と会ったのは初めてで、何も受け取っていないと答えた。よって、ダンディがこれらの人物と会っていた目的はわかっていない。

対象者の監視を続けることが妥当と考える。

第７局
業務責任者
大尉　Ｍ・Ｖ・コズミン

１０２ａ号
１９５５年５月16日
モスクワ

部外秘

Ｓ・Ｙ・ベルンシュタインの調査結果
（第２８３号事案）

１９５５年２月に失踪したS・Y・ベルンシュタイン（１８９７年生まれ）については、調査を進めてきたが、何も成果が得られていない。ベルンシュタインの親族や友人は調査済み。ベルンシュタインが身元を偽っている可能性もあるため、１９５５年２月末から現在までの間にモスクワとレニングラードで新たに登録された人物をすべて調査したが、ベルンシュタインの特徴に合致する者はいなかった。

第２総局　第９課
業務責任者
少佐　I・O・ミロスラフスキー

１９５５年５月16日
モスクワ

非開示

外国籍のフランソワ・ルグリの身柄拘束について

（第２８３号事案）

第7局のエージェントの監視報告により、フランス国籍のフランソワ・ルグリは在留フランス人とエージェントを取り持つ連絡係であるとの疑いが裏付けられた。よって、フランソワ・ルグリがエージェントと思われる人物に指令または装備品を届けようとしていたところ、身柄を拘束した。

5月17日18時、大使館領地を出たフランソワ・ルグリは、新聞紙でくるんだ包みを持ってニェスクチニ公園に行った。19時5分、公園入口付近のベンチに座る。ベンチには既にモスクワ物理工科大学2年の学生V・L・ルーキン（１９３５年生まれ）が座っていた。包みを受け渡そうとしているところで、２人の身柄を第２総局の工作員らが拘束した。

包みの中身はフランスで売られているレコードだった。ルーキンはフランソワ・ルグリから「ジャズ」のレコードを購入していたと説明。モスクワで販売されていないレコードであり、ルーキンはルグリに1枚あたり20～50ルーブルを支払っていた。

第2総局　第9課
業務責任者

1955年5月17日
モスクワ

少佐　I・O・ミロスラフスキー

非開示

紛失した機密文書の調査について
（第283号事案にファイリング）

1955年5月17日にフランス国籍のフランソワ・ルグリの身柄が拘束されたことに対し、根拠のない身柄拘束であるとして、フランス外務省からソビエト連邦外務省に抗議があった。
紛失したドイツ国家保安本部の機密文書の調査にあたっていたグループのメンバー全員、ならびに第2総局の業務責任者であるI・O・ミロスラフスキー少佐については、今回の任務遂行における失敗と注意不足により、マイナス評価を記録した。

第２総局　副局長
大佐　Ｖ・Ｉ・ルーキン

１９５５年５月18日
モスクワ

脳のトレーニング㉙　文字合わせ【6×5】

48頁を参照して英単語ゲームのタイル（駒）で同じ文字のペアを15組選び、縦6列、横5列に並べる。タイルを表に返してペアの文字を見つけよう。一度見たタイルを再度めくらないように気を付けること。自分の記憶を信じよう。

部分的に思い出すと

何かを本当に覚えているかどうかを確かめる方法は、何の助けもヒントもなく記憶を完全に再現し、元の情報と比べることしかない。覚えているつもりだとか、話を聞いたり文章を読んだりして思い出すというのではなく、書き出して比較するのだ。このルールは諜報活動のなかで何かを覚えなくてはならないときにも厳密に守られており、指示を受けた場合や自分の身元を偽装する場合も、記憶を再現して完全に覚えていることを確認しなければならない。

なぜこのことが、そんなにも重要なのだろうか？　誰しもこれまでの人生で、例えば試験勉強中に、この内容はしっかり覚えているから絶対に大丈夫と思っていても、いざ試験になると思い出せなかったという経験があるはずだ。それは人間というものは実際に情報を記憶していなくても、それよりずっと早い段階で情報を認識することができ、頭の中で「わかった」と思ってしまうからである。本を読んで内容がわかるからといって、それを必要なときに思い出せるとは限らないのだ。

もし自分が他のエージェントに指示を与える立場にいるなら、指示を復唱させるようにしよう。行動の順序を指示する場合は、その順序だけでなく逆の順序でも復唱させるのだ。試験勉強をしているなら、覚えた内容を思い出して紙に書いてみたまえ。自分の頭のなかだけで覚えたと思っていたり、内容を認識できるだけではダメなのだ。そして記憶に関するあの法則も心に留めておいてもらいたい。情報を部分的に思い出すことで他の部分の記憶は薄れるという法則だ。復習するなら全部を復習するべきである。

既存の情報との関連付け

諸君も知っているだろうが、フットボールファンは膨大な量の情報を記憶している。大事な試合の前ともなると、本物のフットボール好きは試合結果を予想するが、この予想が実にしっかりとした根拠に基づいているというのはよくあることだ。ファンはチームが同じような条件で試合をしたときの結果を覚えているし、主力選手のデータや決定的ゴール、審判のミスなども記憶している。試合の翌日には2時間でも試合の話に花を咲かせ、あらゆるプレーについて細かい点まで語ることができる。

フットボールファンだけが優れた記憶力を持っているわけではない。コレクターや映画マニア、科学者にも同じことが言える。こうした人たちに共通しているのは、膨大な事実情報、データ、数字、特性、事例、説明などを記憶していることだ。言っておくが、何かに心底熱中している人で、こうした情報をわざわざ覚えようとして覚える人はまずいない。何の苦もなく自然に覚えているのだ。

それが可能な理由は、何かに熱中している人はそもそもモチベーションが高いうえ、頭のなかに関連付けの情報網が張り巡らされているからだ。この陸上選手は1000分の1秒単位で大幅に記録を伸ばした、このチームは今シーズン初勝利をあげたなど、新しい出来事や事実情報、数字が頭に入ってくるたびに、既に知っている情報に関連付けられるのだ。なじみのあること、感情を動かされることや意味のあることなら、脳は簡単に記憶できるのである。それを考えれば、長年のフットボールファンが、試合結果を予測にするのに専門的な分析はできなくても、実に正確に結果を予測できるのも頷けるだろう。

当然のことながら、諜報部員には驚異的な記憶力と鋭い直観がある。諜報活動は単なる仕事ではなく、生き方そのものであり、生きるか死ぬかの問題なのだから。

記憶力テスト⑪

ドイツ国家保安本部における心理学研究の情報入手に関心のある諜報部員ネットワークを特定するため、工作を任された担当者は?

A　ミロスラフスキー少佐
B　エージェント「ミハイル」
C　エージェント「シモニデス」
D　ルーキン大佐

第4章 派遣エージェント Chapter Four

任務によっては他国に直接出向いて偵察しなくてはならない場合がある。「派遣」任務を遂行するエージェントには特別な知識が求められるだけでなく、しかるべき人脈も必要となる。したがって派遣エージェントの間では、知識や人脈、そして何より重要な、確実に身元を偽造するための情報が引き継がれることも多い。他国に出向く派遣エージェントの仕事は危険が伴うが、敵国諜報機関の監視下で任務を遂行できるということは、諜報部員として本物のスキルがあるということだ。

部外秘

コバレフの交友関係について

（第２８３号事案にファイリング）

ソビエト連邦外務省の助力を得て、在ソビエト連邦フランス大使館のジャン・ルグリ文化顧問（フランソワ・ルグリの父親）と非公式の会合を持った。ジャン・ルグリ氏には息子の身柄拘束について個人的に謝罪し、拘束の理由を説明した。

面談では、同じ年頃の子どもを持つ親どうしとして子どもの言動について話し合うなかで、個人的な人間関係を築くことができた。ジャン・ルグリ氏は今回の件に関して理解を示すとともに、ソビエトの国家安全保障上、フランソワの行動は疑われても仕方のないものだったと容認。さらに、ソビエト連邦での息子の行動は満足のいくものではなく、フランスに帰国させるつもりであると述べた。

今回の身柄拘束がコバレフの死に関係していると知って、ジャン・ルグリ文化顧問の口から出た言葉は「コバレフもあの妙なアルゼンチン人と付き合わなければよかったのに」だった。

ジャン・ルグリ氏が息子から聞いた話によると、コバレフが時々連絡を取り合っていたのは、アルバレスという名前の中南米出身の変わった男で、ソ連によく来る美術史家とのことである。ルグリ氏はアルバレスが何か違法なことに関わっているのではないかと懸念していた。息子にはアルバレスにもコバレフにも関わらないようにと言っていたとのこと。

第２総局　副局長
大佐　V・I・ルーキン
１９５５年５月19日
モスクワ

要点とつながりを覚えてスピーチする

原稿を読むだけのスピーチほど残念なものはない。いくら人前で話すのは緊張すると言っても、これほど聞き手を無視した行為を正当化することなど到底できない。恐怖症にもいろいろあるが、なかでもスピーチ恐怖症に悩む人は多く、弁論家も記憶術のテクニックを早くから使い始めていた。原稿で次の文章を確認する必要がなければ、もっと自信を持って演説し、緊張を和らげることができるからだ。

うまくスピーチするために一言一句まで覚える必要はない。要点とつながりさえ覚えれば十分だ。そうすればセリフを忘れることなく、アドリブを入れることもできるうえ、その場で聞き手とコミュニケーションをとることもできる。

①スピーチを意味的なまとまりに分ける。あまり細かく分ける必要はない。短いスピーチなら5〜10個のブロックに分ければ十分である。

②テーマ（ブロックごとの主題）を決め、3〜4語の文章で表す。

③それぞれのテーマを1つのキーワードに変換する。キーワードはテーマの意味が明確にわかるものとする。

④ストーリー記憶法か場所記憶法を使ってキーワードのリストを覚える。記憶に使う空間として自分の体の部位を使ってもよい。

⑤プレゼンテーションの練習をする。キーワードを思い出して、スピーチのテーマを口述するか記述する。正しい順序と逆の順序の両方で繰り返す。

舞台俳優は長い台本を一言一句まで覚えるわけだが、そのやり方というのが実に役に立つ。芝居の準備はまずセリフを覚えるのではなく、話が進むなかで変化する登場人物の感情を理解することから始めるのだ。役柄をつかめれば台本の論理性もはっきりとわかるようになり、短時間でしっかり覚えることができる。

スピーチでは要点ごとに、聞き手にどのように感じてもらいたいかを考えてみたまえ。その感情をそのまま言葉に乗せればよいのだ。

■演習⑳■要訳力をつける

短い記事を読んで、意味的なまとまりに分けてみよう。まとまりごとに主題（テーマ）を書き出し、キーワードを決めて、それを覚える。記事を再現してから、自分のストーリーと元の文章を比較確認してみよう。

記事の題材をいろいろと変えて、この演習に取り組んでほしい。そうすれば、記憶力が鍛えられるだけでなく、情報を把握して処理し、要約する力もつけることができる。諜報部員には、大量に集めた情報のなかから最も重要な部分だけを短い報告書にまとめる能力が、非常に役に立つのだ。

ツリー構造を使って記憶する

大量の情報をしっかり覚えるには、情報を整理するとよい。多種多様な情報を整理する方法として最も効果的なのは、ツリー構造を使って分類する方法である。

仮に、机の上にある物を記憶しなくてはならないとしよう。自分が席を外している間に、誰かがこっそり机を調べていないかをチェックする場合などだ。机の上にある物は次のとおりだ。

ラップトップ
万年筆
ノート（15ページにしおりを挟んであるもの）
白紙の紙が数枚
鉛筆削り
盗聴検知器
昨年版『世界の国々』
外付けハードディスク

額に入った写真
メモリーカード
仏像
鉛筆
感情心理学の本
スマートフォン充電器

このリストは元の状態のままでは覚えにくいが、分類することができる。例えば、電子機器とそれ以外に分類すれば、次のようになる。

①電子機器

ラップトップ
盗聴検知器
外付けハードディスク
メモリーカード
スマートフォン充電器

②**その他**

万年筆

ノート（15ページにしおりを挟んであるもの）

白紙の紙が数枚

鉛筆削り

額に入った写真

昨年版『世界の国々』

仏像

鉛筆

感情心理学の本

これでリストが幾分わかりやすくなったが、まだグループが大きすぎる。さらに細かいグループに分けてみよう。

①**電子機器**

Ⓐ**データ保存機器**

ラップトップ

外付けハードディスク
メモリーカード

Ⓑ**その他の機器**
盗聴検知器
スマートフォン充電器

②**その他**

Ⓐ**筆記用具**
万年筆
ノート（15ページにしおりを挟んであるもの）
白紙の紙が数枚
鉛筆削り
鉛筆

Ⓑ**本**
昨年版『世界の国々』
感情心理学の本

Ⓒ**装飾**

額に入った写真
仏像

これで2階層のツリー構造ができあがった。

このようなツリー構造を作るには少し時間がかかるが、秩序立てて整理された情報のほうが、単純なリストよりも最大10倍も効果的に覚えられることが実験でわかっている。

情報を解釈し、図や表を作成して、情報の分類・整理を行うようにしよう。

記憶力テスト⑫

数字の覚え方で、数字の9を表すために使った映画は？

A　第9地区
B　ロード・オブ・ザ・リング
C　ファインディング・ニモ

D　グーニーズ

マインドマップ

情報の構造を視覚化するには、イギリスの心理学者トニー・ブザンが考案したマインドマップというテクニックを使うとよい。ちなみにトニー・ブザンは、世界中から集まった記憶の達人がありとあらゆる情報をいかに記憶して正確に思い出せるかを競う、世界記憶力選手権の創設者である。

新しい分野の知識を短時間で頭に入れなくてはならない場合に、欠かせないのがマインドマップだ。ばらばらの情報を1つにまとめ上げ、何の関係もないように見える情報どうしをつなぎ合わせることができる。

マインドマップの作成手順は次のとおりである。

①　白紙の紙を1枚用意し、横向きに置く。

②　マインドマップの主題を紙の中央に書く。絵、単語、文章など、主題はどんな書き方でもよい。大切なのは、それをよく理解して覚えることだ。

③　主題を展開し、明確にしていく。主題から線を伸ばし、説明となるキーワードや絵を書き込む。

因果関係を考えよう。マップの主題にはどんなことが影響するだろうか？　結果はどうなるだろう？　考えられるリスクは？　構成要素は？　こうした切り口はマップの主題によってさまざまであり、数が多くなることもあるが、頑張って取り組もう。マップを作っていくと、線と線が合流することもあれば、線に何の説明も書けないこともある。

④　それぞれの線を別々のテーマとしてとらえ、線ごとに先ほどと同じことを繰り返す。1本の線の先を枝分かれさせ、新しいキーワードや絵を書き込んでいく。

⑤　中心から外に向かってどんどん枝を広げていき、最終的にアイデアがすべてマップに書き込まれた状態に仕上げる。

効果の高いマップを作成するには、いくつかコツがある。

① アイデアや言葉は絵で表現したほうがよい。絵が得意ではなくても、そのほうが覚えやすいのだ。
② 言葉を使う場合は、１つの概念をひと言で書くようにする。そうしないと、マップがごちゃごちゃして混乱してしまうからだ。
③ 中心から外に向かうにしたがって、徐々に単語や絵を小さく、線を細くしていく。そうすれば、情報の階層がよくわかり、重要度の高い情報とそうでない情報を区別することができる。
④ 使う色を変える。
⑤ 関連性のある概念は、線や矢印でつなぎ、１つにまとめる。
⑥ １つのコンセプトから伸ばす線は、なるべく7本までにする。もっと必要な場合は、枝分かれさせる本数を増やすのではなく、もう１つ階層を増やすようにする。

完成したマインドマップを見ると、中心に大きな絵があり、そこから線が枝状にたくさん伸びていて、まるで神経細胞のようだ。次ページには一例として、記憶術の3原則のマインドマップが掲載されている。

マインドマップには、１枚の紙にすべての情報がまとめられているため、目で見て簡単に把握できるというメリットがある。情報の構造も構成要素どうしの関係も、ひと目でわかる。そ

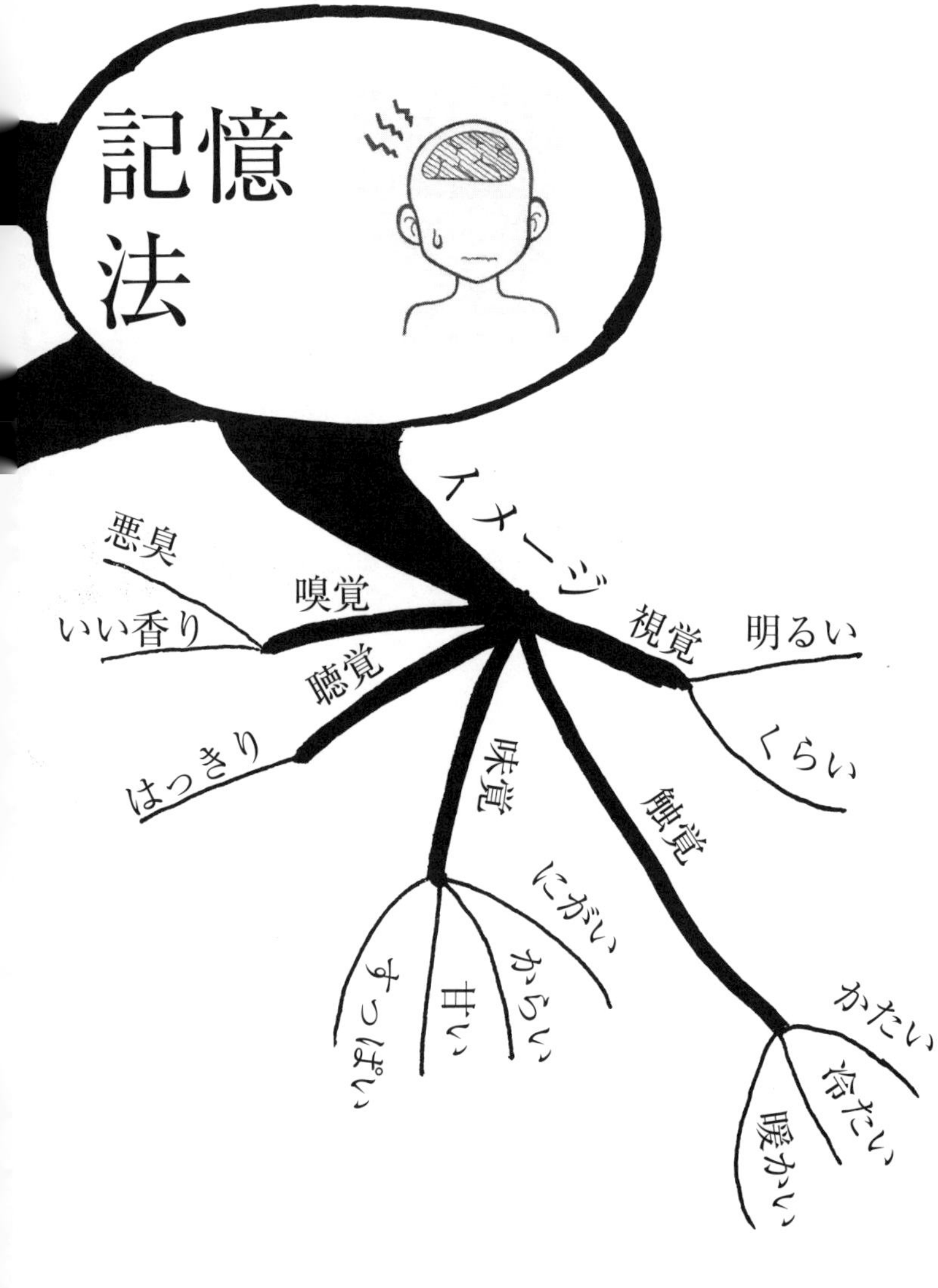
記憶法
イメージ
嗅覚
悪臭
いい香り
聴覚
はっきり
視覚
明るい
くらい
味覚
にがい
からい
甘い
すっぱい
触覚
かたい
冷たい
暖かい

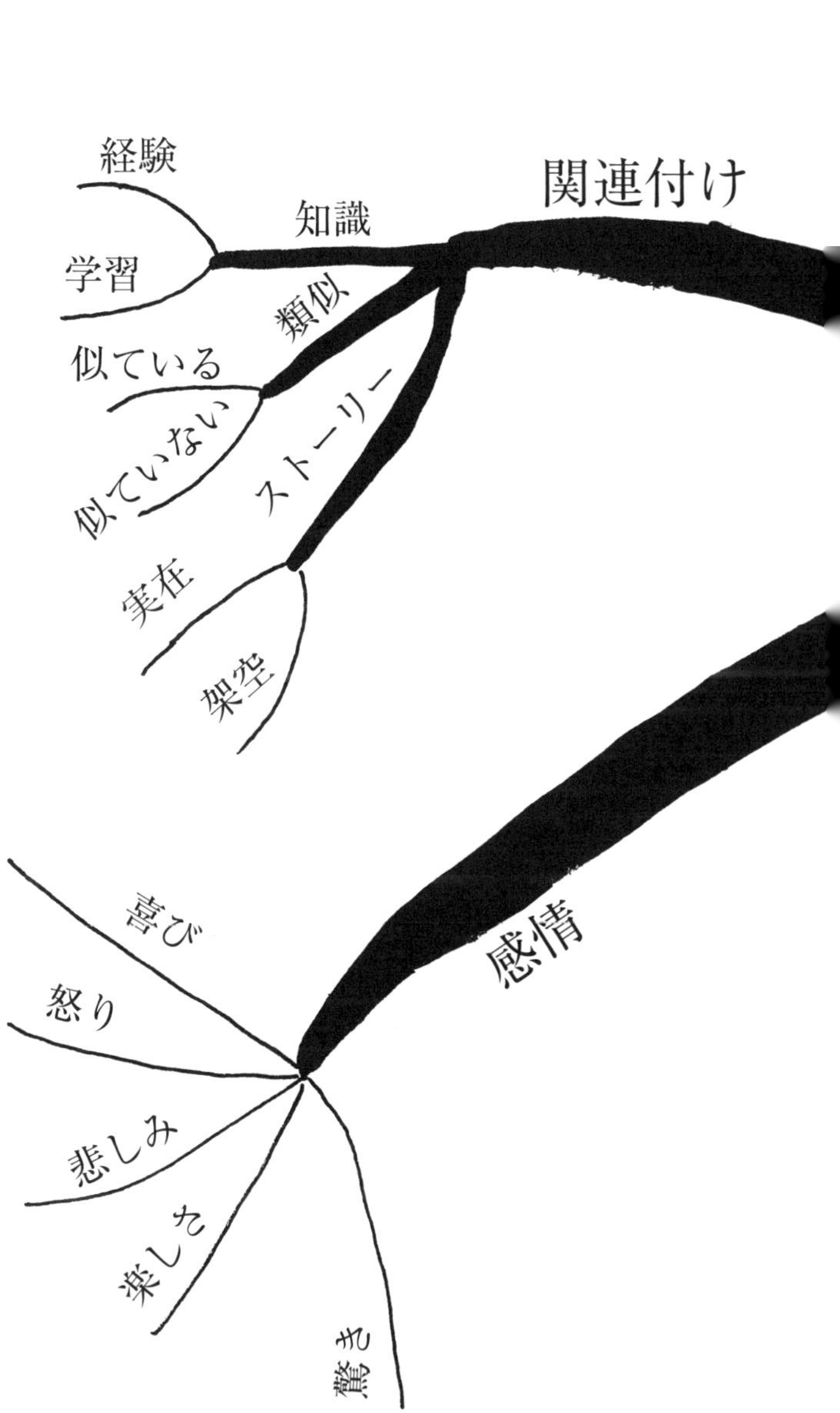
関連付け
知識
経験
学習
類似
似ている
似ていない
ストーリー
実在
架空
感情
喜び
怒り
悲しみ
楽しさ
驚き

してこのマップそのものが、記憶術の3原則をすべて取り入れたものになっているのだ。すべての情報がつながっており（関連付け）、情報は視覚化されていて（イメージ）、色や濃淡、書き方などに作成者の心的状態が反映されている（感情）。

補足――秘密厳守。マインドマップの内容を記憶したら、マップは必ず破棄すること。

■演習㉑■明日の予定をマインドマップで表す

昨日あったことや明日の予定をマインドマップに表してみよう。所要時間の長さに応じてマップに書き込む要素の大きさを変え、重要度別に色分けしてみたまえ。

部外秘

アルゼンチン国籍のホセ・アルバレスに関する調査事案ファイルより
（第２８３号事案）

モスクワ大学哲学部の校舎から車で20分圏内にあるレストランを調べ、ウエイターにコバレフとホセ・アルバレスの写真を見せて回ったところ、「コロス」のウエイターで、コバレフが死亡した４月21日に勤務していたＥ・Ｐ・ドゥシコフが２人のことを覚えていた。ワイン１本を２人で飲み、若いほうの男だけが食事をした。支払いは外国人のほうが行った。

ドゥシコフは２人のことをよく覚えており、若いほうの男は不安げで落ち着きがなかったとのこと。早く帰ろうとしているのを外国人のほうがなだめ、引き留めていた。

第２総局　第９課
業務責任者

1955年5月23日
モスクワ

少佐 Ｉ・Ｏ・ミロスラフスキー

ブエノスアイレス。まさかこんな遠くまで、こんなに早く来ることになるなんて、考えたこともなかった。

僕が心理学会に派遣されると聞いて、学部長室はかなりざわついていた。あんなに短期間で論文を書いたことはなかったけれど、はっきり言って、ＫＧＢの資料室は心理学史の資料の宝庫だ。僕の論文は承認され、すぐに書類手続きが行われた。僕に対する指示が出され、かなり時間をかけて特訓した。現地では防諜組織の人間が僕らを監視しているだろうから、念には念を入れて用心しなくてはならない。

それにしても、時季外れもいいところだ。7~8月はアルゼンチンでは冬なのだ。ここの気温は11度前後。ビーチには誰もいない。今ならモスクワのほうがまだ暖かいはずだ。

アルゼンチンには、はっきりとした階級格差がある。身の安全を守るため、貧しい人たちには近づかないようにと忠告された。そんな注意をされなくても、あまり近づきたいとは思わない。

ほんの数週間前、ここで革命とでも呼べそうな事態が発生した。カトリック教徒、ペロン主義者、労働組合、軍部。詳しいことはわからないが、僕の知る限り、アルゼンチン空軍のトップが反乱に加わり、空軍による大統領官邸の爆撃で事態は終結した。死傷者の数は公表されていない。街にはいたるところに爆撃や爆破の跡が残っていて、むごたらしい状況だ。場所によっては十字を切って通る人たちを目にするし、膝をついて祈ったり、泣き叫んでいる人たちもいる。モスクワにいる信仰心の厚い人たちとは大違いだ。十字を切ったとしても、モスクワの人たちは人目に付かないようにこっそりとやる。

こんな状況のときに、よく僕らを入国させたものだと思う。僕が見る限り、ペロンの勢いはそう長くは続かないだろう。

スペイン語は難しい。ここの人たちの話し方は、僕が習ったのとはずいぶん違う。なにしろ速い！　それにイントネーションが違う。最初は相手の言うことの半分しかわからなかったが、今では理解できるようになって、なんとか現地の人たちとコミュニケーションをとることができる。違う国、違う言葉、違う文化。脳をフル回転させなくてはならない。ここには外国人も多いけれど、僕は目立たないように、まわりに溶け込まなくてはならない。それには努力が必要だ。よく観察して、細かいところにまで注意を払わなくては。毎晩、ベッドに倒れ込み、一瞬で眠りに落ちてしまう。

1955年7月2日

ここでの生活に慣れてきて、カルチャーショックも感じなくなった。仕事があるので、あまりリラックスはできないけれど。アルバレスに関する情報収集は少しずつ進展している。アルゼンチン人はソビエト人よりずっとオープンだ。もしかしたら僕自身が、話を聞き出したりコミュニケーションをとったりするのに慣れてきたのかもしれない。

警察を相手にするのは少し厄介だったけれど、思ったほどではなかった。ここでは金さえ払えば何でも手に入る。

1955年7月11日

部外秘

エージェント報告書

件名　第283号事案
1955年6月2日
情報元「シモニデス」
受領者　I・O・ミロスラフスキー少佐

死亡前数週間のコバレフの生活ぶりについて

コバレフの自宅周辺で聞き込みを行ったところ、コバレフは死亡する前の2か月間、様子がおかしかったとのこと。2月23日、祖国防衛軍の日の祝典では、まるで

「容疑者」のような様子で、その後は落ち込みが激しく体調もすぐれなかった模様。人付き合いを避けるようになり、それまで時間をかけて取り組んでいた学位論文も書くのをやめてしまった。

コバレフはいつも週に3日は資料室で調べ物をしていたが、2月23日以降は資料室に行っていない。

以上の理由から、警察が通報を受けた3月2日より前に、コバレフはベルンシュタインの失踪について知っていたと考えられる。

479号

脳のトレーニング㉚　地図【レベル2】

前回（183頁）より長いコースを別の地図で設定して覚えよう。やりやすいように、よく知っている地域を選ぶとよい。今回は、道順を書くのに使える時間は1分間だ。地図で選んだ道をたどりながら、左右の家や公園、池、川などをイメージする。交差点ではいったんストップしてから道順どおりに進み、目に浮かんだものの印象を記憶しよう。

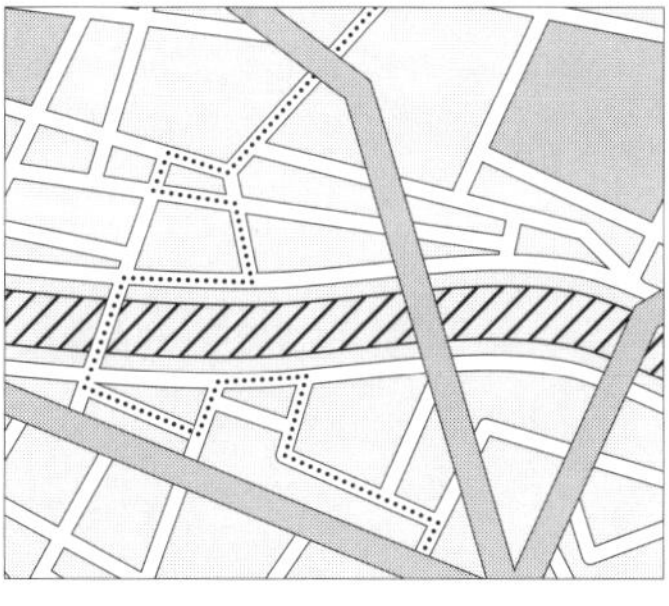

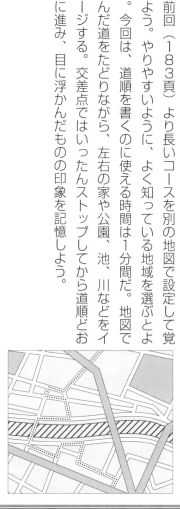

部外秘

暗号文書

件名　第283号事案
1955年7月13日
情報元「シモニデス」
受領者　I・O・ミロスラフスキー少佐

ホセ・アルバレスについて

ホセ・アルバレス　アルゼンチン国籍、1907年生まれ。ブエノスアイレス在住。

中南米やヨーロッパで発行されている複数の雑誌に寄稿。教職。頻繁に出張。美術館員、美術史家、収集家、美術愛好家と親交がある。外交特権なし。

英語、ドイツ語、スペイン語、フランス語に堪能。ロシア語でもある程度のコミュニケーションが可能。

人と親しくなる能力に長け、冗談好きでユーモアのセンスに優れている。写真愛好家。写真を大量に撮って知人にプレゼントし、親しい関係を築いている。

パブロ・ピカソ、サルバドール・ダリ、ジョアン・ミロなど、有名な画家と親交がある。

ソビエト連邦、特にモスクワとレニングラードを度々訪れている。美術館員に友人が多い。


友人らによると、アルバレスの経歴はいたって平凡とのこと。人生のほとんどをアルゼンチンで過ごし、ごく最近になって外国に出かけるようになった。しかし、友人らはアルバレスと知り合って１～２年の者ばかりだったため、この情報は確認が必要である。

アルゼンチン警察の情報筋によると、もともと美術はアルバレスにとって趣味であり、仕事としては２つ目とのこと。戦前から戦中にかけては、小さなミシン製造会社で外回りの販売員をしていた。

１９５５年１月14日から４月23日の間、ホセ・アルバレスはモスクワに滞在。本人が述べていたソビエト連邦への渡航目的は、ロシア美術について執筆するためにレーニン図書館の資料を調べること。レニングラードを何度か訪れている。

ブエノスアイレス
418号

部外秘

暗号文書

件名　第283号事案
1955年7月25日
情報元　「シモニデス」
受領者　I・O・ミロスラフスキー少佐

機密資料の提供を装った偽装工作に関する報告

７月18〜22日にブエノスアイレスで開催された国際心理学会に出席。モスクワ大学の代表として、「心理学史」部会で「１９３６〜１９４５年のナチス心理学者の非科学的理論に関する研究」についての報告発表を行った。研究機関や大学が所蔵している資料についても言及した。

発表に対する質問は出なかったが、休憩時間になって、会議参加者のうち数名が発表内容に興味を示してきた。その全員が科学者か大学講師だった。氏名と肩書きは添付のとおり。

準備していた偽装工作に従い、発表内容に興味を示した人物それぞれに対して、ナチスドイツ心理学史の分野で研究に協力してくれるよう話を持ちかけた。教職者２名が協力の意志を表明し、そのためにソビエト連邦に出向いてもよいと答えた。この２名は、ルーマニアのドラキュラ・ラドゥと、アルゼンチンのホセ・アルバレスである。

後者は心理学の専門家ではない。美術史家であり、中南米とフランスの大学数校で美術理論を教えている。現在、絵画の芸術的認識の各論について本を書いているため、心理学の歴史に関心があるとのこと。ソビエト連邦は度々訪れている。10月初旬にも中南米の絵画展のためにモスクワに行く予定。

ブエノスアイレス
378号

脳のトレーニング㉛　単語リスト【レベル4】

単語を記憶するスキルがあれば、スピーチの準備に役立つばかりか、何かを読む場合にも内容をしっかり頭に入れることができる。しかも、リストを覚える練習をすることで、注意力と想像力も鍛えられる。単語や概念をすぐに視覚化できるようになれば、記憶力と思考力も強化できるのだ。

10語の単語リストを覚える練習を定期的に行ってくれたまえ。リスト2〜3個ごとに、ストーリー記憶法と場所記憶法を交互に使うこと。

成果をあげ続けるために

課報部員の日常生活は、健康の指南本とはかけ離れたものだ。精神的なストレスを抱え、十分な休息もとれないままでは、仕事の成果もあがらない。スリルを求め、必要以上にリスクを冒す傾向のある諜報部員の場合は、さらに多くの問題を抱えることになる。

健康をないがしろにすること、特に安全を軽んじることを、諜報機関が推奨しているわけではない。諜報部員の訓練には長い時間を費やしているのだ。それに、諜報部員は重要な人脈も豊富に持っている。諜報部員がプロとして長く働けるように、さまざまなアドバイスが行われている。

生産性の高い状態で働き、成果をあげ続けるために、心がけるべき点がいくつかある。

・適切な栄養をとること
・体を動かすこと
・規則正しい生活を送ること
・心の健康を保ち、ストレスを長引かせないことこれらの点については、次のセクションで詳しく述べることとする。

脳のトレーニング㉜　シュルテ・テーブル［7×7］

次の表は前回（138頁）よりさらに複雑なシュルテ・テーブルで、マスの数が49個ある。視線を中心のマスから動かさずに、できるだけ早く最後のマスの数字までたどり着けるようにしよう。7×7マスの表はかなり大きいため、この演習では周辺視野をどこまで広げられるかの限界に挑戦することになる。

35	39	32	28	5	23	22
16	2	44	12	42	3	30
7	36	9	10	33	24	48
11	13	38	4	26	47	45
19	43	34	46	49	37	15
8	1	41	6	14	40	25
21	18	27	31	29	20	17

脳のための栄養を摂る

人間の脳の重さが体重に占める割合はわずか２％にすぎないが、脳が消費するエネルギーは体全体の約20％にものぼる。神経系の働きを良くするには、食生活のなかで次の栄養素を摂取しなくてはならない。

- ・タンパク質（ヨーグルト、ナッツ類、卵、魚）
- ・複合炭水化物（全粒小麦パン、全粒シリアル、デュラム小麦パスタ）
- ・健康的な脂質（魚介類、エキストラバージン・オリーブオイル、サケ、イワシ、ニシン、アボカド）

タンパク質はあらゆる生物に欠くことのできないものである。タンパク質不足は疲労の原因となり、疲労の回復を遅らせることになる。

脳にエネルギーを供給するのは炭水化物（糖質）だが、炭水化物を摂りすぎるのはよくない。炭水化物を摂取後、２〜３分以内に血糖値が上昇し始める。すると血糖値を下げるため、インスリンが分泌されて脳の栄養が不足した状態は解消されないままとなる。食事は堅焼きパン、玄米、豆類など、消化吸収の遅い「スロー」な炭水化物を摂るほうがよい。この種の炭水化物の場合はブドウ糖がゆっくりと血中に送り込まれるため、吸収がよく脳に栄養を長時間供給することができる。

脳の60％は脂質でできているため、完全に脂質抜きの食生活はよくない。もちろん、すべての脂質が役に立つわけではない。マーガリンのような硬化油脂は、老廃物の排泄を妨げるため、神経細胞に悪影響を及ぼす。植物油脂を含む食べ物は避けたほうがよい。ただし、未精製の植物油には、血管をきれいにし、血流を促すという効果がある。

脳には、食べ物を探す指示を出すという生物学的に重要な機能がある。脳の働きは空腹の度合いに左右される。満腹時には働きが鈍くなり、眠気をもよおす。大事な仕事の前には食事の量を抑えたまえ。満腹にならないようにすれば、頭を活発に働かせることができる。

コーヒーやお茶のような刺激物のメリットとリスクについては諸説ある。言うまでもなく、コーヒー1杯ならスッキリして頭がよく働くようになるが、長期間にわたって大量に飲み続けると、コーヒー依存症や有害な副作用のおそれがある。天然の刺激物に関するアドバイスとしては、ほどほどが賢明、ということだ。

水分はたっぷり摂ること。水分が不足すると、心身ともにパフォーマンスが大幅に低下する。

記憶力テスト⑬

マインドマップを考案したイギリスの心理学者の名前は？

A　マイルス・ヒューストン
B　マイケル・ラター
C　トニー・ブザン
D　アレクサンダー・ハスラム

頭を使う仕事のための運動

体を動かすことが精神的な健康にもよいことは広く知られている。運動で心身の健康を保つことができるのだ。定期的に運動することで、血流を促進し、血管の弾力性を維持しながら血管を強くすることができる。また、内分泌系の働きがよくなり、ストレスを緩和して感情を和らげることができる。このようなメリットがすべて、頭を使う仕事にはプラスに作用する。

複雑な動作も頭や記憶力の訓練になる。人間の認知能力をつかさどっているのは脳の連合野だが、この連合野の隣には運動野があり、筋肉の収縮緩和をコントロールしている。運動野が刺激されると連合野が活性化するため、体を動かすことで頭の回転がよくなるのだ。子どもの場合はそれが顕著で、通常は運動能力の発達と知的成長は相関関係にある。

体を動かすとリフレッシュできる。眠気に襲われたら運動するとよい。首や腕を回したり、何度か屈伸や腹筋をしてみよう。難しい問題を解くのに行き詰まったら、散歩に出かけてしまえばよいのだ。いつもの意識的な思考がストップしている間にも、無意識では答えを探している。思ってもみなかった関連性が見つかったり、新しいアイデアが浮かんでくるだろう。

武道愛好家にはおなじみの方法だが、心身を即座に活性化させるのに役立つ方法がある。まず立った状態で深く息を吸い、ゆっくりと両手を上げる。次に、息を吐きながらすばやく両手を下ろし、腹をへこませる。すると内臓から手足や頭に血液が送られ、脳に酸素と栄養が回るようになる。

生活リズムを整える

　1日の予定を立てるときは、自分の体のリズムを考えるとよい。本来の概日リズム（体内時計）は誰でもほぼ同じという心理学者もいる。朝起きた後は活発に活動し、夜には活動が低下するというわけだ。しかし、起きる時間が遅く、夜中過ぎまで起きているといったように、自然なサイクルから外れた生活の場合は、活発に活動する時間帯が夕方や夜にずれることになる。「朝型」人間でも体内時計が調整されて、「夜型」になるのだ。夜型の生活に慣れていたとしても、自分の生活リズムをいろいろと試してみるとよい。もしかしたら、朝の時間帯のほうが能率が上がるかもしれない。

　自然な体のリズムを乱さないようにするには、週末も通常どおりの生活リズムを崩してはいけない。翌朝は早く起きなくてもよいと思うと夜更かしをしたくなるが、誘惑に負けないようにしてくれたまえ。自分の能率が上がる時間帯を台無しにするかもしれないのだから。

　大勢の被験者を対象とした概日リズムの研究で、人間の頭が最もよく働くのは、午前中の8～12時頃ということがわかっている。昼食後は能率が急激に下がり、その後は徐々に上昇するものの、夕方にはまた下降する。これはほとんどの人に共通した典型的なパターンだが、人によって独自性が見られることもある。自分の概日リズムを知る方法としては、いろいろ試しながらチェックしてみるのが最もよいだろう。

睡眠は、健康や能率、精神状態に大きく影響する。睡眠不足だと、自分の行動や感情をコントロールするのが難しくなる。怒りっぽくなるうえ、理性が働きにくくなって、ミスが増えるようになるのだ。

記憶力もまた、睡眠の質に左右される。一説によると、日中の間に頭に入ってきた情報は、眠っている間に処理され、長期記憶に保存されるという。新しい情報だけでなく複雑な運動スキルも睡眠中に保存されることが、実験で確認されている。どんな職業であれ、効果的な学習や訓練には質のよい睡眠が絶対条件であることを知っておくべきだ。

より深く眠ってリラックスできるようにするには、就寝前に脳を働かせすぎないようにしなくてはならない。読書や散歩はよいが、パソコンやテレビは神経系を刺激して眠りが浅くなり、しっかりリラックスできなくなるのでやめたほうがよい。

諜報部員は睡眠時間を十分にとれないことが多いため、いきなり眠気に襲われることがあるが、そのような場合に使える特別な方法がある。体を楽にした状態で20分だけ仮眠をするのだ。眠りに落ちるとすぐに、脳が浅い睡眠段階に入る。この状態の脳波を見ると、高振幅のθ（シータ）波がはっきりと確認できる。この睡眠段階では、起こされればすぐに目が覚める。眠り始めから約20分経つと、ゆっくりとしたδ（デルタ）波が多くなり、深い眠りに移行する。この徐波睡眠の段階で起こされると、だるかったり、イライラしたりする。アラームを設定するか、誰かに起こしてくれるよう頼み、20分で起きるようにしよう。大抵の場合、この程度の仮眠でも疲れをとるには十分であり、起きてから濃いめのコーヒーでも飲めば、急ぎの仕事を仕上げることができる。

■演習㉒■能率の上がる生活リズムを見つける

1〜2週間の間、自己観察をしてみてくれたまえ。自分の能率がどの程度かを、マイナス3からプラス3の7段階で評価し、1日に何度かデータを記録してグラフ化する。これをまとめれば、1日の平均的な能率変化サイクルがわかるだろう。それがわかったら、自分の生活リズムをいろいろと変えてみて、心身の健康状態がどう変化するかをチェックしよう。きっと能率の上がる生活リズムを見つけられるだろう。

1日のサイクルのなかで最も能率の高い時間帯に最も難しい課題に取り組めるように、生活リズムを設定するとよい。

脳のトレーニング㉝　マッチ［レベル4］

１４７頁からさらに難しいマッチのトレーニングに取り組もう。今回は、マッチの配置パターンや頭がどちら側を向いているかに注意してほしい。配置と向きの両方を記憶しよう。

諜報部員になるための勉強は、なまやさしいものではない。しかし、ソ連軍訓練規定にはこう書かれている。「兵士たるもの、不動の精神と勇気を持って、兵役のあらゆる苦難を耐え抜くべし」と。

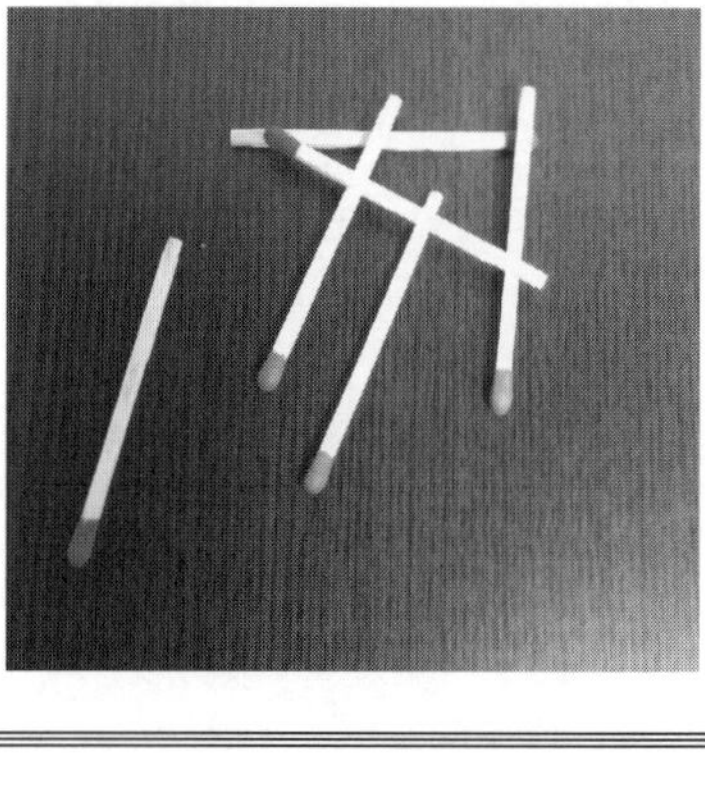

時間を無駄にしない10の方法

課報活動は単なる仕事ではない。過酷な生き方そのものだ。何かを先延ばしする暇などない。ニュースを見たり、読書をしたり、コーヒーやお茶を淹れたりして、任務の遂行を後回しにすることはできないのだ。

時間を無駄にしないためには、自己管理のテクニックをマスターするとよい。いくつか例を挙げよう。

① 課題のゴールを設定する。具体的なゴールを決めて、その課題に取り組む理由をはっきりさせる。結果をイメージしよう。それは自分の役に立つことだろうか？

② 仕事を複数の課題に分け、結果をたどりやすくする。細かく分けすぎないようにしよう。取り組む課題は２～３個がよい。肝心なのは、仕事をやり遂げる喜びを味わうことだ。うまくいったら自分にご褒美をあげよう。その日、自分が成し遂げたこと、達成したことを噛みしめよう。

③ 一度に取り組む課題は１つだけに絞ること。

④ 外から入ってくる刺激の数を減らす。電話は切っておくこと。テレビを観ながら仕事を

してはならない。人の声が聞こえると気が散って、能率が下がることが実験ではっきりしている。ヘッドホンをして仕事に集中できる音楽をかけるか、静かなところで作業をしよう。

⑤ メールやSNSの通知が表示されないようにし、ソーシャルメディアもオフにしておく。情報の流れを自分でコントロールできなければ、自分がコントロールされる側になってしまう。

⑥ 仕事に取りかかる前に、机をきれいに片付ける。仕事を始める準備をすることで、心理的にも効率よく仕事できる状態が作られていく。

⑦ 仕事をする時間と遊びやリラックスの時間を分ける。このけじめをうやむやにしてはいけない。仕事をするときは仕事だけに専念すれば、ゆっくり休む時間ができる。メールチェックやネットサーフィンをしても、休息をとったことにはならない。やるべき仕事がある場合にはなおさらである。

⑧ それでも仕事に身が入らない場合は、このテクニックを試してみるとよい。まず30分間だけ仕事に集中するよう努める。この間にリズムに乗れなければ、次の15分は休憩をとるか、何か他の仕事をする。その後の30分は、また先ほどの仕事に戻る。今度はおそらく仕事に集中できるだろう。そうなれば、もっと長い時間その仕事を続けよう。集中力や注意力を保つには努力が必要だが、何かに夢中になっているときは簡単に集中

することができる。特定の対象に集中する焦点的注意の代わりに、好きな対象に自然に集中できる自動的注意が働くからである。

⑨ 生産的な日、生産的な週を過ごせたらお祝いをする。やり遂げたことに対して、自分に何かをごほうびを与えよう。１週間がうまくいったら、週の終わりには欲しかった本を買うか、レストランに行ってもよい。ポジティブな感情で結果をしっかり肯定しよう。

⑩ 先延ばしをやめるには、本書の演習を使って注意力をコントロールできるようになればよい。注意力をコントロールするテクニックが身に付けば付くほど、仕事がやりやすくなり、休息をもっと楽しめるようになる。

■演習㉓■集中しにくい状況で仕事をする

集中力を鍛えるために、気が散って集中しにくい状況で仕事に取り組んでみよう。テレビをつけたり、窓を開けたり、騒がしい場所に移動して仕事をするのだ。テレビとラジオを同時につけるなど、少しずつ難易度を上げていこう。

この演習は意外と難しいため、最初はうんざりしてしまうはずだ。終わったら休憩をとってくれたまえ。

フロー状態に入る方法

アメリカの心理学者ミハイ・チクセントミハイは、偉人について研究するなかで、あることを発見した。仕事中、我を忘れて仕事に没頭するという精神状態になることが、全員に共通していたのだ。チクセントミハイはこの状態を「フロー」と呼んだ。

フローとは、次のような状態である。

・自分が取り組んでいる仕事の目的を明確に理解している。
・自分の仕事に集中し、他の思考に邪魔されない。
・自意識が消失し、自分に対する評価が気にならない。
・時間の感覚がゆがみ、気付かないうちに時間が経っていたり、逆に時間がゆっくり感じられて、思った以上に仕事がはかどったりする。
・直接的な手応えを感じる。仕事に取り組むなかで結果の良し悪しが即座にわかり、すぐに修正できる。
・自分の能力と課題の難易度のバランスがとれていると感じる。簡単すぎて退屈することもなければ、難しすぎてできないということもない。

- 状況や結果を自分自身でコントロールできている感覚がある。
- 仕事に取り組むこと自体が楽しく、その仕事がまったく苦にならない。

フロー状態に入る方法は人それぞれだが、一般的な指針として次のような方法がある。

- ゴールを設定する。
- 課題に集中する。
- 手応えが感じられるように、段階的に達成基準を設け、問題解決に向けての進捗を確認する。
- 課題が退屈に感じられる場合は、課題を難しくしたり、前回よりうまくできるようにする。
- 課題が難しすぎる場合は、能力の向上を図る。

フロー状態なら、やるべきことを先延ばしにするなど考えるべくもない。自己観察をして、自分がフロー状態に入れる方法を見つけよう。

■演習㉔■フロー状態に入れるかどうか試す

自分がフロー状態に入っていたときのことを考えてみよう。そのとき何をしていただろうか？　一緒にいたのは誰？　仕事をしていた場所は？　まわりにあった物は？　仕事に取りかかったときの状態は？　その次に起きたことは？　そのときの感覚は？　何度かフロー状態に入ったなかで共通していたことは？

こうした状態を再現して、フロー状態に入れるかどうか試してみよう。

一度に取り組む課題は1つ

仕事に追われ、その日に予定していたことをすべてこなす時間がない場合、一度に複数の仕事を同時進行したくなるものだ。とりわけ、進めている仕事で待ち時間が生じた場合には、そういった衝動にかられてしまう。

例えば、報告書を作成する仕事があり、メールのチェックもしなくてはならないとしよう。その場合、報告書で厄介な項目について考えている間に、メールチェックをやってしまうのが合理的に思えるのではないだろうか？

しかし、一度に2つの仕事を同時進行するのはよくない。多少は時間の節約になるかもしれないが、報告書でミスをしたり、大切なメッセージを見落としてしまう可能性がある。しかも、疲れるのが早くなってしまうのだ。

何かに集中する場合は、最初にかなりのエネルギーを要する。いったん仕事に没頭してしまえば注意力を維持するのは比較的たやすく、そうなればエネルギーを大幅に節約できる。

注意力を切り替えるにはどれほどのエネルギーが必要かを理解するために、ちょっとした実験をしてみよう。次の文章を読み、それぞれの文章が真実かどうかを確認したうえで、各文章の最初の単語を覚えてみたまえ。

犬は泳げる。
カエルには口ひげがない。
肘は腕の膝である。
列車は乗客を運ぶ。
象は肉を食べない。

魚は空気のなかで生活している。
カエルは水中で呼吸できない。

では、この文章を見ずに、すべての文章の最初の単語を暗唱してみよう。正解は、犬、カエル、肘、列車、象、魚、カエルである。これを覚えるのは難しかったのではないだろうか？　だとしたらそれは、真実かどうかを確認するという作業が、単語を覚える妨げになったからである。

しかも、複数の作業を行き来するとエネルギーが無駄になり、フロー状態に入って仕事を楽しむことができなくなってしまうのだ。

脳のトレーニング㉞　文字合わせ【8×6】

189頁のトレーニングの次は文字のペアを24組選び、縦8列、横6列に並べる。文字合わせに挑戦して作業記憶を鍛えよう。これだけ多くのタイルを覚えるのがまだ難しい場合は、回数を分けて、例えば1回に探す文字は8種類以下としても構わない。

シモノフの日記

　ブエノスアイレスからモスクワに戻ってほぼ１週間、まだアルゼンチン出張の余韻が抜けていない。とんでもなくいろんな経験。外国語。たくさんの仕事。時差。昼間の半分は寝ていて、夜の半分は寝られない。そのせいで頭があまり働いていない。ずっと、ケンカでも吹っかけるか何かしたいような気分だ。

　約１か月留守にしていた間に、仕事が山積みになっていた。それをムラなく、自分に負荷をかけすぎないようにしながら片付けようと頑張っている。重要度の高い仕事は、いちばん能率が上がる時間帯に持ってくることにした。僕の能率のピークは今のところ９〜11時の２時間だけだ。日中は機会を見つけて15〜20分の睡眠をとるようにしている。運動も日課に取り入れることにした。朝、軽く走り、プールに行っている。おかげでちゃんと起きていられるし、寝付きもよくなった。

１９５５年８月１日

部外秘

アルゼンチン国籍のホセ・アルバレスに関する調査事案ファイルより

（第283号事案）

エージェントの情報によると、ホセ・アルバレスには前々から第2総局が興味を持っていた。別件で何度となく監視下に置かれていたが、そのたびに継続調査は不要との結論に至っていた。

アルバレスは警察にも目をつけられている。具体的には、モスクワの犯罪捜査部がアルバレスによる美術品の違法売買を疑っていたが、この嫌疑については確証が得られなかった。

アルバレスのファイルには、監視中に撮影された本人の写真が入っている。警察ではこの写真を登録する際、手配中のナチス戦犯、エーリッヒ・フィンケに似ていることに気付いていた。しかし、犯罪捜査部には類似性を検証する機会がなかったため、対応措置は何も講じられていない。

入手した情報によると、アルバレスは1955年10月に中南米の画家の展覧会でモスクワに来る予定になっている。
活動―アルバレスの到着後、監視下に置く（対象者「親切者」）。可能であれば偽装の持ち物検査を行う。

第２総局　第９課
業務責任者
少佐　Ｉ・Ｏ・ミロスラフスキー

１９５５年８月５日
モスクワ

ストレスと記憶力

課報部員は常にストレスを抱えている。世間一般で言われていることとは裏腹に、ストレスがあるということは必ずしも悪いことばかりではない。ここぞというときに、すぐさま臨戦態勢に入れるからだ。五感が研ぎ澄まされ、頭がはっきりして、すぐに行動に移すことができる。ストレスのおかげで心身の能力が高まるのだ。

しかし、ストレスの蓄積は人にダメージを与えかねない。長期的にストレスを抱え、回復する間もなければ、どんな生き物も疲れ果ててしまう。疲れていると仕事がまともにできなくなり、知覚もおかしくなってくる。疲労困憊したエージェントは、ある状況における危険を大袈裟にとらえたり、逆に軽く考えすぎたりしてしまい、いずれの場合もミスを犯すことになる。

長期的なストレスは記憶力にも悪影響を及ぼす。動物実験の結果、悪条件にさらされていると海馬（大脳側頭葉の内側部に位置し、長期記憶をつかさどる組織）が縮む場合があることがわかっている。また、長期的にストレスを抱えている場合、覚えたり思い出したりするのが困難になるほか、記憶の干渉についても問題が生じることが研究で確認されている。

ストレスから回復する方法は、自律訓練法、瞑想、ヨガ、ストレッチなど、ほとんどがリラクゼーションのテクニックをベースにしたものである。こうしたテクニックについて書かれたものは山ほどある。しかし、慢性的なストレスの対処法として最も効果的なのは、予防すること　である。規則正しく休息をとり、自分で解決しなくてもよい問題のことは忘れ、完璧主義を　やめてしまえばよいのだ。

脳のトレーニング㉟　単語の拾い読み［レベル４］

課報部員には、ある文書を見られるチャンスは一度きり、ということがよくあるため、１回見ただけですべてを記憶しなくてはならない。場所記憶法かストーリー記憶法を使い、覚える単語の数を増やしていこう。

シモノフの日記

モスクワからベルリンに来た。

東ドイツの同僚が入手したドイツ国家保安本部の資料に目を通している。ドイツ人たちがどんな実験をしていたのか知るためだ。見ていると気分が悪くなる。同僚たちと一緒に、ラーフェンスブリュックとザクセンハウゼンの強制収容所に行ってきた。今回の事案の役には立たなかったが、自分の目でどうしても見ておきたかった。

ダッハウ強制収容所の生き残りを探している。誰か見つかれば、ベルンシュタインとコバレフ、アルバレス、そして紛失した文書のすべてをつなぐ糸が、きっと見つかるはずだ。

ベルリンは活気があって楽しそうだ。まだ戦争の跡が目につく場所もあるが。それにしてもドイツでは、廃墟やがれきの山ですら秩序と形式を重んじているように見える。西ベルリンに行くのは控えるようにと忠告を受けた。

1955年8月23日

部外秘

暗号文書

件名　第283号事案

１９５５年９月３日
情報元　「シモニデス」
受領者　Ｉ・Ｏ・ミロスラフスキー少佐

エーリッヒ・フィンケの過去について

ベルリンにいる間、雑誌に寄稿する論文執筆のため西ドイツの心理学史を調べていると偽り、東ドイツ国家保安省の国家保安本部（ＲＳＨＡ）資料室に出入りすることができた。さらに、ダッハウ強制収容所の元囚人らにも会った。現在はカール・マルクス・シュタット、ゲルリッツ、フランクフルト・アン・デア・オーダーに住む人々だ。

ジクムント・ラッシャー、エルンスト・ホルツレナー、エドワルド・バイターをはじめ、多くの人物の写真を見せた。そのなかにはホセ・アルバレスの写真も含まれていた。元囚人らは、ラッシャー、ホルツレナー、バイターがダッハウ強制収容所で働いていたことを認めた。

また、アルバレスについても、同じくダッハウ強制収容所で働いていたエーリッヒ・フィンケに似ていることに全員が言及した。しかし、写真だけでフィンケと断定できる者はいなかった。

フィンケは「殺人医師」ジクムント・ラッシャーの部署で働いていた医師とされている。この部署はダッハウ強制収容所で人体実験を行っていた。

元囚人らの話によると、エーリッヒ・フィンケとエルンスト・ホルツレナーは、ヘルマン・ゲーリングの指示で、人間の冷却実験も行っていた。囚人らはドイツ空軍の制服を着せられ、氷水のなかに入れられた後、さまざまな方法で温められたという。こうした実験は、パイロットの制服のテストと、重度低体温症の回復処置の研究を兼ねたものだった。

資料によると、低体温症の実験は数百人に対して行われた。実験後にまだ生きていた者も、その後、ラッシャーの命令で全員が殺された。

ベルリン
５６０号

年齢と記憶力

残念ながら、記憶力は年齢とともに衰える。栄養や運動、仕事と休息のバランスに気を付けることで、記憶力の低下を遅らせることはできるが、それを止めることは不可能だ。しかし、これが当てはまるのは「純粋な意味での」記憶、つまり精神心理学的機能としての記憶の場合であって、実際の記憶力は年齢とともに衰えるどころか、（健康に問題がない場合は）実際にもっとよくなることすらある。

記憶力が高いか否かは、どれだけ関連付けができるかにかかっている。そして関連付けをするための情報は、経験を積むなかで蓄積されていく。年齢とともに、人間の実務的な処理能力は、世の中の複雑さに応じて発達していくのだ。日記をつけたり、仕事内容や考えたことを書き記したり、大量の情報を扱う方法を学んだりしながら、重要なこととそれ以外のことを区別できるようになっていく。記憶術は記憶力の維持にも役立つのだ。

諜報部員なら知っておいて損はないことだが、年をとると、つい最近のことは思い出せなくても、一生かけて学んだことは覚えている。職業的なスキルは、永遠とは言わないまでも、ずっと失われることなく保たれる。記憶障害を患っていても、生涯かけて取り組んできた仕事は問題なくできるという事例が多い。このような場合、大抵は自分の行為を説明できず、やり方をいつ、どのように身に付けたのかも覚えていない。職業上の習慣というものは、退職後何年も経った高齢者がアイデンティティを保つのにも役に立つ。退役軍人にしても、姿勢や歩き方を見ればすぐに軍人だったとわかるだろう。

記憶力テスト⑭

レストラン「コロス」のウエイター、E・P・ドゥシコフが、1955年4月21日に来店したコバレフとアルバレスのことを覚えていたのはなぜか？（回答は複数選択可）

A　気前よくチップをくれたから
B　様子がおかしかったから
C　客の1人が外国人だったから
D　前にも「コロス」でコバレフを見たことがあったから

第5章 工作員 Chapter Five

諜報・防諜活動の主戦力として活躍しているのが工作員だ。エージェントと協力して活動にあたり、エージェントに指示を出すのも工作員なら、調査のなかで人から話を聞いたり、外部対象者の監視を行うのも工作員である。捜査活動に従事し、あらゆることに対して責任を負っている。工作員なくして諜報活動は成り立たないのだ。

工作員の仕事は複雑で、高い任務遂行能力が求められる。心理学に精通し、うまく人の懐に入る能力が必要だ。また、知能が高く、データを比較したり、情報をまとめたりといったこともできなくてはならない。多くの仕事をこなす能力があり、ストレスにも強くなくては務まらない。秘密を守ることも、任務遂行のためだけでなく、部下であるエージェントの命を守るためにも不可欠だ。

そして当然のことながら、工作員には優れた記憶力が求められる。

顔と名前を記憶する

工作員は人に関しても記憶できるようになる必要がある。名前と顔だけでなく、容姿、好きなもの、趣味、習慣、弱点、過去など、これから関係を築くうえで役に立ちそうな相手のことはすべて記憶しなくてはならない。人間は社会的な生き物であり、人の顔を認識できる能力はもともと備わっている。しかし、名前、飲み物の好み、趣味といったようなことを覚えるには努力が必要だ。このような情報を覚える方法としても最もよいのは、容姿と結び付けることだ。

まず相手を観察する。他の人とは違う特徴に注意しよう。額が広い（狭い）、鼻や耳の形が変わっている、目と目の間隔が広い（狭い）、顎が割れている、ほくろや傷があるなど、何でも構わない。その特徴に名前を結び付けたストーリーを作るのだ。そのストーリーと人物をしっかり記憶するために、感情を伴わせよう。その人の特徴に好感を持てるだろうか？　その理由は？

誰かに初めて会うときは、相手の顔をよく見て、話に耳を傾けよう。そして、相手の容姿で他の人にはない特徴を頭のなかで視覚的に思い描くのだ。話をする際には、できるだけ相手を名前で呼ぶとよい。視覚的なイメージを思い出しながら、相手の名前を繰り返そう。もし相手の名前を忘れてしまったら、遠慮せずにもう一度聞き直せばよい。

■演習㉕■他の人と違う特徴を見つける

新聞や雑誌に載っている人物の写真を見て、他の人とは違う特徴を見つけよう。いろいろな人物を見るうちに、誰かの顔を見れば自然とその人の特徴が見極められるようになるだろう。

まずは自分の国で標準的なタイプの顔から始め、外国人の顔に移行していくとよい。

部外秘

エージェント「シモニデス」の活動が発覚するおそれが生じたことから、学位論文に取り組むために長期休暇をとるという名目で、「シモニデス」に哲学部の仕事を休職させるべきと考える。

「シモニデス」を第2総局の職員として採用することを要請する。「シモニデス」の経歴であれば、本事案の調査、ならびにモスクワ大学哲学部のエージェントらとの連絡を任せることができる。

第2総局　第9課
業務責任者
少佐　I・O・ミロスラフスキー

1955年9月7日
モスクワ

シモノフの日記

今日、最後のタイムカードを提出した。もう大学での仕事は終わりだ。これからどんなふうに身元を偽装することになるのかは、まだわからない。

ベルリンに出張してから大学で注目され始め、みんなが僕のことを陰で噂するようになった。９月２日、新学期の始まりを祝って乱痴気騒ぎになったとき、クラフチュクは空きっ腹にウォッカをがぶ飲みして酔っぱらってしまった。そしてクラフチュクは僕の腹をつつきながら、僕をスパイと呼んで、僕がクラフチュクを勧誘しようとしたことを話し出した。みんなは苦笑いして黙ってしまった。

そのことを上司に話したら、オフィス勤務になった。これは昇進なのだろうか、それとも処罰なのだろうか。

１９５５年９月13日

部外秘

エージェント報告書

件名　第２８３号事案

１９５５年９月15日

情報元　「ミハイル」

受領者　シモノフ中尉

死亡前数週間のコバレフの生活ぶりについて

（録音テープの書き起こし）

コバレフの隣室の寮生の話によると、コバレフは死亡する少し前、レオーニド・アンドレーエフの『イスカリオテのユダ』の復刻版を読み、その物語に夢中になっていたとのこと。

同書は主にユダの倫理的苦悩を描いたものである。アンドレーエフの解釈では、ユダはイエスを裏切り死に追いやったが、それはひとえに預言者の預言を真実のものとし、イエスの教えが忘れられないようにするためだった。イエスが運命をまっとうできたのは、ユダが裏切り者になったからこそである。ユダの行為は自己犠牲であり、ユダの裏切りは結局は善のためであったというようにアンドレーエフは描いている。

コバレフはこの物語に深く感動し、何週間も心を奪われたままだった。アンドレーエフの本を読んでいることが知れたら大学を退学になるおそれがあるにもかかわらず、コバレフは復刻本をずっと手元に置き、その物語のことを他の者にも話していた。情報提供者によると、コバレフは物語のあらすじとテーマを情報提供者に話して聞かせたあと、もし自分がユダだったらどうするか、という質問をずっとしていたとのこと。

７３５号

備考―録音テープは消磁済み

部外秘

アルゼンチン国籍のホセ・アルバレスに関する調査事案ファイルより

（第２８３号事案）

次の情報は、東ドイツ国家保安省に送った質問に対する回答である。

エーリッヒ・フィンケ、１９０５年生まれ、医師。ドイツ空軍病院勤務。１９４２

年、ジクムント・ラッシャー、エルンスト・ホルツレナーとともに、ダッハウ強制収容所にて犯罪的な冷凍実験に参加。

フィンケの主な仕事は、精神薬理学（向精神剤の使用）、催眠術、集団操作テクニックを実用化することだった。

またルネッサンス時代のイタリア絵画の愛好家としても有名。かなり多数の絵画をコレクションしていたが、これは囚人が所有していた絵画を没収したものと思われる。フィンケはこのコレクションをベルリンの自宅に所蔵しており、同僚や芸術愛好家によく披露していた。ダッハウ強制収容所で働いていたときには、囚人らと芸術の話をすることもあったが、だからといって、その囚人らに対する人体実験をやめるようなことはなかった。

書類上、エーリッヒ・フィンケは1945年、ドイツ降伏の5日前に、ノイシュタット（ホルスタイン）にある軍の病院で死亡したことになっている。しかし、死亡診断書が偽装され、フィンケが中南米に逃亡したことを疑う根拠は十分にある。フィンケの絵画コレクションは、ソビエト軍がベルリンを占領する直前から所在不明となっている。

１９５５年９月21日
モスクワ

業務責任者
少佐　I・O・ミロスラフスキー

人に関する情報を記憶する

人の名前を覚えるときには、他の人とは違う特徴に注目し、それを名前と結び付けて、感情を伴わせる方法をとってきた。その特徴を大袈裟にデフォルメすれば、名前だけでなく他の情報も、それに結び付けて覚えることができる。相手の好みや興味関心を覚えていれば、話も弾もうというものだ。

例えば、マーク・ウォーカーという人物は額が広く、チェスとテレビ番組の「ハウス」が好きで、他の人がテレビでフットボールを観ていると不機嫌になるとしよう。では、想像してみてほしい。この男の広い額がチェス盤の模様に塗られている。チェス盤の真ん中には小さい家があり、その前で子どもたちがタッチ・フットボールをしている。すると突然、ボールが家の窓に飛び込み、なかにあったテレビを直撃してしまう。小さな家のなかから、年とった男がしかめっ面で、歩行器（ウォーカー）を押しながら出てくる。男は紙に赤いマーカー（マーク）で「フットボール禁止」と書き、家のドアに貼り付ける。

練習を積むうちに、こうした視覚的イメージを1～2秒で思い描き、ずっと覚えていられるようになるだろう。

誰でも家族のことは大事に思っているため、家族を話題にすれば相手に自分を信頼させることができる。大切なのは、相手の家族の状況を正確に覚えることだ。そうすれば、子どものいない独身者に「息子さんは学校でどんな様子ですか？」などと間違って聞いてしまうこともない。家族の情報も、相手の特徴に結び付けることができる。家族が登場する奇抜なストーリーを作り、感情を込めてリアルにイメージしよう。

■演習㉖■人物写真の観察を続ける

雑誌や新聞に載っている人物写真の観察を続けよう。興味をひかれた人物の容姿をよく見て、その人物に関する情報を覚えるのだ。こうした情報は後々きっと役に立つだろう。

脳のトレーニング㊱　プロファイル［レベル１］

新聞に目を通しながら、人物の名前と顔を覚えよう。容姿の特徴に注目し、想像力を活発に働かせて、その特徴を名前と結び付けてほしい。その人物に対する感情を伴わせることも忘れずに。

部外秘

アルゼンチン国籍のホセ・アルバレスに関する調査事案ファイルより

（第２８３号事案）

アルバレスの調査をさらに進めるため、パリ在住のソビエト人エージェントが、フランス人の絵画コレクターや美術愛好家に会って話を聞いたところ、アルバレスがパリで個人的に絵画展を開いていたことが確認できた。また、ドイツ人が占領地域から違法に持ち出した物品のなかで、エーリッヒ・フィンケが所有していたと思われる絵画のカタログを見せたところ、そのうち数点はアルバレスの絵画展で展示されていたものと同一であることが特定された。
アルバレスは1955年10月11日にモスクワに到着予定。

第2総局　第9課
業務責任者
少佐　I・O・ミロスラフスキー

1955年9月29日
モスクワ

言葉による人物説明

19世紀、人の容姿を言葉で説明するための体系がフランスの犯罪学者アルフォンス・ベルティヨンによって作られたことで、犯罪の科学捜査は大きく前進した。この方法を用いれば個人を特定し、その人物が犯行現場にいたことを確認する一助となる。

人物を言葉で描写する方法を学ぶことは、極めて有効なことである。この方法を学べば、何に注意して容姿を見ればよいかがはっきりわかる。これからは、この方法で人物をもっとよく覚えられるようになるはずだ。そうすれば、他の者に対象者の容姿を伝える場合も、言葉で簡単に説明すればよい。対象者の写真を所持していたり、受け渡したりするのが危険すぎることもあるからだ。

言葉で正確に人物を描写することで、エージェントが敵の工作にはまるのを防ぐことができる。エージェントが会うことになっていた人物の代わりに、敵の防諜員が接触してくる可能性もあるからだ。

現在、言葉による容姿説明の体系は、４種類の特徴がベースとなっている。

・　解剖学的特徴—その個人の身体的特徴（性別、年齢、身長など）

・行動的特徴―動きに表れる特徴（姿勢、表情など）
・独自的特徴―その個人だけが持つ特徴（傷、体の部位の欠損、足をひきずっているなど）
・その他の特徴（着衣、着こなし、アクセサリーなど）

言葉で人の容姿を説明する方法は、単に顔や容姿を描写すればいいというわけではない。一つひとつの特徴を描写する表現まで、あらかじめ決められている。例えば額を横から見た場合は、「傾斜」、「平坦」、あるいは「隆起」となる。つまり、人物をタイプ分けして説明するのではないのだ。この方法では根本的に、他の誰かが言葉で描写した人物説明が簡単に理解できるようになっている。

以下は言葉による人物描写を簡潔に示したものである。

1．解剖学的特徴

①　性別
②　人種、肌の色
③　おおよその年齢。５歳の幅で、20～25歳、45～50歳のように表現

④　身長。男性なら低い（１６８センチ未満）、中背（１６８〜１７５センチ）、長身（１７５〜１８８センチ）、非常に長身（１８８センチ超）。女性には５センチずつ下げた数字を使用

⑤　体格。小柄、中肉、ぽっちゃり、がっしり

⑥　髪
色―黒、茶、暗い茶、暗い金髪、明るい金髪、赤、グレー
髪質―ストレート、ウェーブ、カール
ひげ―顎ひげ、もみあげ、口ひげ

⑦　額
広さ―広い、普通、狭い
横顔―傾斜、平坦、隆起

⑧　顔の輪郭
正面―丸顔、面長、長方形、台形、三角形
横顔―凸型、平坦、凹型

⑨　顔色（白人の場合）―青味、褐色、赤味、黄味

⑩　顔のふくよかさ―細い、普通、ふくよか

⑪　眉毛

色―薄い、濃い
形―まっすぐ、アーチ型、ねじれている、つながっている

⑫　目

位置―奥目、出目
色―明るい、暗い、グレー、薄い青、濃い青、緑、茶、黒

⑬　鼻

長さ―短い、普通、長い
幅―狭い、普通、広い
形―まっすぐ、凹型、凸型、凹凸型

⑭　口

大きさ―小さい、普通、大きい
口角―まっすぐ、上がっている、下がっている

⑮　唇

厚さ―薄い、普通、厚い
上唇と下唇の位置関係―上唇が出ている、下唇が出ている、均等

⑯　耳

大きさ―小さい、普通、大きい

頭に対する角度―立っている、寝ている

2．行動的特徴

①歩き方―速い、遅い、よたよた歩き、跳ね歩き、よろよろ歩き、引きずり歩き、足を引きずって杖を使用

②姿勢―頭と首が前に傾斜（猫背）、まっすぐ（背筋が伸びている）

③しぐさ（独特の動き）―手をポケットに入れる、腕を両脇に垂らす、手を背中で組む、手をこする、口ひげや顎ひげを触る、額をこする、爪を噛む、唾を吐く、タバコの持ち方が独特

3．独自的特徴

傷、生まれつきのあざ、薄毛、多毛、入れ墨、顔や体の左右非対称性、体などの独特な特徴

4．その他の特徴

着衣、アクセサリー―スタイル、色、生地の材質などに対する個人的な好みには特に注意を払う

■演習㉗■人物を言葉で説明

演習を続けよう。前のページに書かれた描写を用いて、次のイラストの人物を言葉で説明してほしい。映画やニュースを観ている時、他の人たちを観察している時にも、この演習に取り組もう。諜報部員の観察スキルに必要な要素は2つ。何に注意して見ればよいかがわかっていること、そしてたくさん練習を積むことだ。

■演習㉘■相手に言葉で説明してみる

先ほどの課題をもっと複雑にしてみたまえ。誰かと一緒にこの演習に取り組み、共通の友人や有名な俳優、政治家などを言葉で説明するのだ。自分の説明で、相手は誰のことかわかるだろうか？　人物を説明するときは、前述の描写方法を活用してほしい。相手と役割を交代しよう。

シモノフの日記

このところずっと、アルバレスとモスクワで会うために準備をしている。絶対に台無しにしたくない。真実の瞬間が近付いているのだ。とにかく、あのアルゼンチン人を警戒させないようにしなくては。

僕たちは毎日、多方面にわたる話し合いを続け、計画を詰める作業を行っている。不測の事態があってはならない。モスクワをしらみつぶしに調べ、アルバレスに会うのにふさわしい場所を探している。でも、ある場所は人が多すぎるし、他の場所は静かすぎるし、さらに別の場所は監視に不便だったりする。

もしアルバレスが本当にコバレフを殺したのなら、僕もなおのこと気を付けなくてはならない。毒殺されるなんてまっぴらだ。医療班が絶対に僕を死なせはしないと請け合ってくれているけれど。医療班は「毒を盛られた君の命を救えるとしたら身に余る光栄だ」と冗談を言っている。

僕がいちばん恐れているのは、作戦が行き詰まってしまうことだ。もし何もかもうまくいかなかったらどうなるんだろう?

1955年10月2日

脳のトレーニング㊲ プロファイル［レベル2］

このトレーニングでは、それぞれの人物の顔と名前だけでなく、生年月日と職業も記憶しなくてはならない。覚えられる情報をすべて覚えてほしい。本書の最終段階で、この情報を思い出してもらう必要があるからだ。興味のある相手と交流が途絶えないようにしたり、久しぶりに連絡をするには、誕生日のお祝いメッセージがよい口実になる。

本書のトレーニングに加えて、日常生活で出会った人たちのことも記憶しよう。その人脈が、いつなんどき必要になるかわからない。

名前　アレクセイ・ポポフ
生年月日　１９７１年３月17日
職業　外交官

名前　ディナ・ペトロフ
生年月日　１９７８年12月３日
職業　清掃員

名前　ヴァシリーサ・ソコロフ
生年月日　１９７７年７月12日
職業　ウエイトレス

名前　ヴラド・ミハイロフ
生年月日　1969年5月14日
職業　警察官

名前　イグナ・イワノフ
生年月日　1985年11月1日
職業　秘書

名前　マキシム・クズネツォフ
生年月日　1982年2月11日
職業　工場作業員

記憶力テスト⑮

「死亡前数週間のコバレフの生活ぶりについて」というタイトルの文書で、最後に記載されていた文書番号は？

A　247
B　346
C　479
D　125
E　925

脳のトレーニング㊳　テーブルに置かれた物［レベル３］

１１６頁の物の位置を覚える訓練は、記憶力と注意力が鍛えられるだけでなく、観察スキルも磨かれ、思考を整理する力もつく。普段の生活にもこの演習を取り入れよう。本棚に並んでいる本、机の上に置かれている物、駐車場の車などの位置を覚えるようにするとよい。

人間関係をどう築くか

諜報機関はエージェントに頼って活動している。エージェントは何らかの情報にアクセスできる一般人であり、採用に至る経緯はさまざまだ。金銭の提供を受けてエージェントになる者もいれば、脅されて協力する者、あるいはイデオロギー的な理由から協力したいと思う者もいる。しかし、どんなエージェントを相手にする場合にも共通していることが1つある。接触するにも勧誘するにも、カギを握るのはコミュニケーションだということだ。人間は誰かと話をしたがるものであり、常に他人からの関心や支えを必要としている。たとえ強制されてエージェントになった場合でも、上司が目指すゴールは信頼関係を築くことだ。

これからエージェントになるかもしれない人物と初めて会う場合、相手は大きなストレスを感じているのが普通だ。どんな話になるのか見当がつかず、危険だらけのような気がしている。ここで最も肝心なことは、そのエージェントに自信を持たせ、不安や緊張を取り除いてやることだ。そのためには、エージェントが身構えなくてもよい会話、安心できる会話をすればよい。

相手の趣味を話題にするのは非常によい手だ。いつまでも話し飽きない話題というのが誰にでもある。趣味としては、切手収集やチェス、写真、フットボールなどが一般的だが、少し変わったところではサボテン栽培といったものもある。うまい具合に趣味の話が出たら、自分はなるべく話さず相手の言うことに耳を傾けたまえ。こうなれば、もう会話の切り出し方を心配する必要はない。どうやって話を切り上げるかだけを心配すればよいのだ。

エージェントの趣味がわからない場合は、相手にとって大切なものは何かを探ってみよう。相手の仕事の話から入り、エンジニアなら車や機械の話に持っていけばよいし、教師なら生徒の様子を聞けばよい。誰でも自分の話をするのは楽しいものだ。しっかり耳を傾けて話についていけば、これぞという話題が見つかるだろう。

信頼関係を築こうとしているときには、自分がよく知らない話題だからといって尻込みしてはいけない。自分の無知を素直に白状し、質問をして相手の話を聞こう。心の底から興味を持つことが大切だ。心のこもっていない質問をすると、相手もすぐそれに気付いてしまうだろう。

落ち着いた気持ちで会話をするうちに、相手の不安は消えて安心感が生まれ、相手の長所もはっきりしてくる。植木屋なら辛抱強く穏やかで親切だし、エンジニアなら頭が切れる、教師なら子ども好きといった具合だ。そういった相手の長所をはっきり言葉に出して、それはすばらしいことだと伝えよう。自分なんてとてもとても謙遜し、相手のほうが優れていることを褒め称えるのだ。相手は気分がよくなり、しばらくの間は照れているかもしれないが、そこから一呼吸おけば、スムーズに本題に入ることができるだろう。

■演習㉙■話しかけて相手の興味を探る

日常生活のなかには、タクシー運転手、郵便局員、店員、美容師、警備員といった人たちと、通り一遍の言葉を交わす機会がたくさんある。このような機会をすべて、信頼関係を築く訓練のチャンスとして利用しよう。話しかけて相手の興味を探ってみるのだ。タクシー運転手の場合なら、まず今までの経験をたずねてみよう。美容師には、どうやってカットの技術を学んだかを聞くとよい。相手の職場に珍しい物があれば、それも会話を始めるよいキッカケになる。いろいろな会話の始め方を試してみたまえ。忘れてはならないことは、相手が持っているスキルや能力が自分にはないことを告白し、負けを認めることだ。

話をして何も聞き出せなかったとしても、自分が失うものは何もない。それどころか、貴重な経験が得られたことになる。しかも、うまくいけば、おもしろいことを山ほど知ることができるだろう。

部外秘

「親切者」の監視結果

10月11日、対象者がモスクワに到着し、メトロポール・ホテルにチェックインした。

10月12日、11時15分に対象者はトレチャコフ美術館に行き、14時までそこにいるのを、美術館の案内係に扮した第7局職員が監視。対象者は他の客に何度か声をかけ、展示されている絵画について話をしていた。受け渡された物はない。

その間、メトロポール・ホテルで対象者の部屋を捜索したが、諜報活動に関するものは何も見つからなかった。しかし、クローゼットのなかには下着や掛けてあるスーツに「仕掛け」がされており、下手に触るとその位置がずれて、誰かが調べに来たことがわかるようになっていた。マッチ、シャツのボタン、新聞紙の角など、見つかった「仕掛け」はすべて元の位置に戻して捜索の痕跡を消した。

対象者のクローゼットには、現像されていない外国製の35ミリカラーフィルムが11

本あった。うち1本を持ち帰り、疑われないように同種の未現像フィルム1本を同じ場所に残してきた。

持ち帰ったフィルムをラボで現像したところ、写真は祝賀晩餐会で撮影されたものだった。写っていた人物のなかに、モスクワ大学哲学部の心理学教授V・V・ロマノフ、ソビエト連邦科学アカデミー資料室の文書保管担当者S・Y・ベルンシュタイン、モスクワ大学の大学院生V・M・コバレフがいたことが特定された。その他の人物については現在確認中である。

第7局
業務責任者
上級中尉 V・M・ニキフォロフ

124b号
1955年10月12日
モスクワ

脳のトレーニング㊴　テーブルに置かれた物［レベル４］

使う物の数をまだ増やしていなければ、５個に増やそう。それぞれの位置を覚えるにはテクニックが必要だ。テーブルを傾けたとしたら、どのように物が落ちるか、どのように床に散らばるかを視覚的にイメージするのだ。もしこの方法が自分に合わなければ、自分なりに方法を考えてそれを使ってもよい。いろいろと試してみて、自分の記憶力にどんな特徴があるかを探ってみたまえ。

部外秘

アルゼンチン国籍のホセ・アルバレスに関する調査事案ファイルより

（第２８３号事案）

ブエノスアイレスの心理学会で話をした後、ホセ・アルバレスは互いに協力する計画についで話し合おうと提案してきた。会ってその話し合いをした際にアルバレスは、美術理論に関する本を執筆中で、そのなかにナチスドイツの実験心理学史の章があるので、そのための資料がほしいと言った。心理学の専門家に相談したいと考えており、そのためなら金がかかっても構わないとも言っていた。アメリカの出版社からは既に前金を受け取っているという話もした。

私の論文のことを話し合ったときには、資料室の文書の話になり、私はその資料を利用できるかもしれないと話した。ドイツ国家保安本部の資料室から押収された文書をいくつか見せたところ、アルバレスは目を輝かせていた。アルバレスは、執筆中の本のために資料を集めるなかで、私が興味を持ちそうな文書や、私の論文に役立ちそうな文書を手に入れたと話した。親切にも、本を書くのを手伝ってくれるなら、その文書を見せてもよいと言ってきた。

最後にアルバレスは、話し合った内容を内密にするよう私に求め、自分も口外しないと約束した。

第２総局　第９課
業務担当者
中尉　Ａ・Ｎ・シモノフ

１９５５年10月13日
モスクワ

偽装に使うカバーストーリー

カバーストーリーというのは、スパイが任務を遂行できるように、自分の身元や経歴の偽装に使う作り話のことだ。

カバーストーリーを使うことで、もっともらしい理由をつけて諜報活動を行うことができる。工作員のなかには在外大使館の正式な職員として働いている者も多い。外交特権があり、活動が露見しても起訴されることはない。しかも、公務でさまざまな人と会う機会が多いため、ほぼ公然とエージェントに接することができるのだ。

エージェントに向く職業は、ジャーナリスト、ビジネスマン、教師、科学者、美術評論家、収集家など、交流範囲の広い仕事である。このような仕事の場合、影響力のある人たちと接触できる環境に身を置くことができるうえ、身元がばれてもスパイ行為に関わっていたことを証明するのは難しいからだ。

工作員が任務に送り込まれる前に、徹底的に考え抜かれたカバーストーリーが用意される。

それは、もっともらしく見えつつも、わざとらしさを感じさせないように作られる。偽の情報と真実を織り交ぜて、確たる裏付けのある情報を作り上げるのだ。エージェントの出生地、学歴や職歴については、それを証明する文書を用意し、細かい情報まで覚え込み、記録や登録のデータも作成して裏付けられるようにする。引越しや転職の理由も考え抜かれて用意される。カバーストーリーをうまく作るポイントは、事実確認が難しく、真実と矛盾しない情報を作り上げることだ。

偽りが見破られたときのために、第二のカバーストーリーを用意しておくこともある。これは影響が広がるのを防ぎ、工作員が使っているエージェントの負担を軽減するためだ。

通常、カバーストーリーを作るのは諜報活動に直接関わっていない者たちだ。工作員の仕事は、用意されたカバーストーリーを正確に記憶し、その役になり切って、必要とあらば正確に思い出せるようにすることだ。これがなかなか一筋縄ではいかない。

1つのカバーストーリーでも、その内容は実に広範囲に及ぶ。細かいことでも重要な情報がたくさんあるのだ。以前、身元を偽装していたソビエトのエージェントが、前に住んでいた家の階段の傷についてたずねられたケースがある。確認の結果、その答えが正しかったことが判明した。

経験の長い工作員は、カバーストーリーをいくつも使い分けている場合がある。こういった場合、ストレスを抱えていると、細かい部分は特に混同しやすくなってしまう。

防諜機関にもカバーストーリーを見破る独自の方法がある。例えば、相手に経歴を言わせてから、次に逆の順序で現在からさかのぼって繰り返させる。質問のしかたを変えたり、質問の範囲を広げたり、逆に１つのことを深くたずねることもある。細かいことを質問し、その答えと別の情報源から得た情報とを照らし合わせる。一貫性を欠く部分や矛盾する部分が多い場合、あるいはそういった部分が一切ない場合も怪しいということになる。

■演習㉚■１年間の生活で起きた出来事でストーリーを作る

過去6か月間か1年間の生活を頭のなかでたどってみよう。その間に起きた出来事をすべて、できる限り詳しく思い出し、それを元に理路整然としたストーリーを作ってみたまえ。家にしまってある書類や手紙、請求書、地元の新聞など、使える資料はすべて使うのだ。家族や友人、同僚に頼んで、他の情報も提供してもらうとよい。

部外秘

アルゼンチン国籍のホセ・アルバレスに関する調査事案ファイルより

（第283号事案）

1955年10月15日13時36分、ホセ・アルバレスが逮捕された。メトロポール・ホテルのロビーで諜報部員「シモニデス」と会っているところだった。身柄を拘束されたとき、アルバレスはダッハウ強制収容所で行われた実験の写真（ドイツにて撮影、17枚、15×20cm）を所持していた。うち1枚にはソビエト連邦科学アカデミー資料室の所蔵印が一部確認できた。

アルバレスの部屋を調べると、スーツケースに隠しポケットが見つかり、現像済みの35ミリ白黒フィルム15本が入っていた。ひとまず確認したところ、ナチスのシンボルマークが入った文書などが写っていた。

アルバレスは、このフィルムのことは何も知らない、初めて見たと言い、自分が撮影したのは美術作品、モスクワの風景、友人たちだけだと主張している。

第２総局　第９課
業務責任者
少佐　Ｉ・Ｏ・ミロスラフスキー

１９５５年10月15日
モスクワ

シモノフの日記

ビッグニュース！　アルバレスが捕まった！　現行犯で逮捕されたのだ。アルバレスは写真を始末する時間もなかった。僕は嬉しくてたまらなかったけれど、それを顔に出さないようにしていた。逮捕に加わった人たちは僕より年上で経験豊富な人ばかりで、ものすごく手際よく頼もしい仕事ぶりだった。まるで記憶を再現しているみたいに。

アルバレスは逮捕されても平静を装い落ち着きを保っていたが、所持品の捜索が行われてフィルムが見つかったときには、明らかにガックリきてオロオロし始めた。他の人間から漂ってくる恐怖心の匂いを嗅いだのは、これが初めてだと思う。

そして、これこそ勝利の匂いだ！　なんとかぐわしいことか！

脳のトレーニング㊵　地図【レベル3】

今回は知らない場所の地図で、２１７頁よりも長く複雑なコースを設定しよう。コースを歩いているところを想像し、どんな道かを思い描く。角を曲がったら道がどのように変わったかを意識しよう。何が見えるだろうか？　歩いているコースのイメージを鮮明に思い描き、ありきたりなイメージにならないように、リアルで魅力的なものを具体的にプラスしていこう。

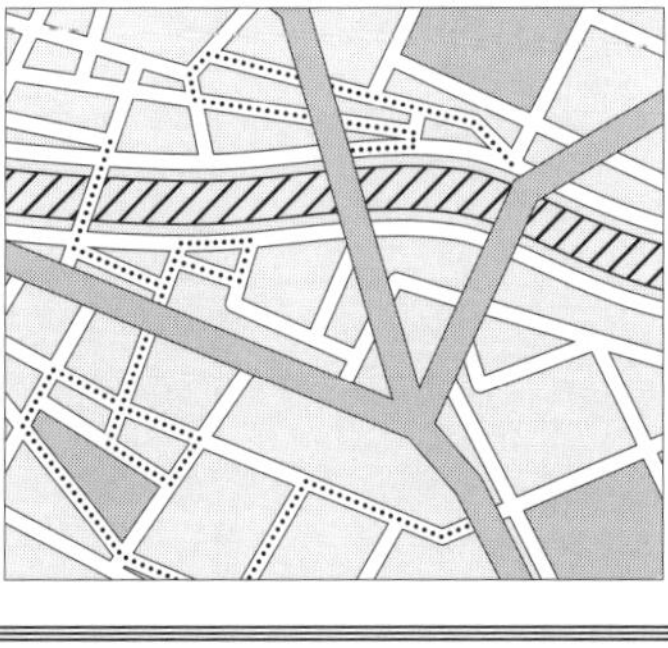

1955年10月15日

匂いの記憶

あらゆる生き物にとって、匂いは命にかかわる情報源だ。嗅覚は一種の警報装置であり、危険があることを警告したり、近くの食べ物や他の生き物の存在を知らせたりする。匂いがコミュニケーションの手段という生き物もいる。人間は進化の過程で嗅覚が鈍くなってしまったが、それでもまだ匂いから受ける影響は大きい。

人間は視覚や聴覚の記憶よりも、嗅覚記憶のほうがはるかに優れている。おそらくこれは、脳のなかで嗅覚受容体から信号を受け取る部分と、長期記憶をつかさどる海馬との神経連絡が強いためと考えられる。匂いによって、長く忘れていた記憶やそれに関する気持ちを呼び覚ますことができる。例えば、生まれ育った家の匂いはいつまでも覚えているし、すぐにわかる。その匂いを嗅ぐと、子どもの頃の楽しかったことや悲しかったことがよみがえってくる。また、愛する女性の香水の匂いは、別れてから何年経っても男の心をかき乱し、忘れたと思っていた気持ちが呼び起こされる。

記憶喪失の人と関わっている心理学者なら知っていることだが、事例によっては嗅いだことのある匂いが大きなキッカケとなって、記憶がよみがえることがある。催眠術にしても、忘れてしまった状況のなかに「身を置く」ことができるように、その状況にまつわる匂いに集中させるとよい。

この記憶と嗅覚の関係は自分で利用することもできる。ある状況を自分や情報提供者が思い出さなくてはならない場合、その状況に身を浸すには、まず匂いから始めたまえ。また、匂いによって記憶が強化されることもある。ディナーの席での会話をしっかり覚えていたいと思ったら、料理の匂いを意識するのだ。この匂いが記憶から呼び覚まされれば、それが関連付けられた会話の内容も思い出しやすくなるのだ。

■演習㉛■匂いで思い出してみる

前にも嗅いだことがある匂いを嗅いだら、いつ、どこでその匂いを嗅いだかを思い出そう。そのときに思ったことは？　何をしていただろうか？　誰と一緒にいただろう？

記憶力テスト⑯

どのような状況から、コバレフがベルンシュタインの失踪に関わっていたと考えられるだろうか？（回答は複数選択可）

A　ベルンシュタインがコバレフの友人だったこと

B　コバレフがベルンシュタインに関係のある場所に行くのを避けるようになったこと

C　コバレフが突然、裏切り行為の倫理的評価の問題に関心を持ち始めたこと

D　コバレフが学位論文のテーマを変更したこと

第6章 分析官 Chapter Six

エージェントや工作員と違って分析官が映画に登場することは滅多にないが、だからといって分析官の仕事の重要度が低いというわけではない。分析官の仕事は戦略を立てることだ。エージェントや工作員が集めてきた情報はすべて、最終的に分析官の手に渡る。分析官が作戦を立て、機密情報をまとめ上げて国のトップに提出するのである。

分析官の仕事に危険が伴うことはほとんどない。それでいて興味の尽きない、探偵のような仕事だ。発生した出来事を再現し、あちこちから拾い集めた相反する情報の断片を元に、事態の因果関係を見極めるのだ。暗号を破るカギを見つけ出して他国の情報ネットワークを解読することもある。

最も次元の高い仕事になると、分析官は緻密に策略を練る。二重スパイを使って敵の諜報機関を欺き、真実を嘘のように、あるいは嘘を真実のように見せかけて敵を惑わせ、自国が優位な立場に立てるようにするのだ。

経験を積んだ分析官であれば、自分のオフィスにいながらにして、記事や報告書、噂、誰かが口を滑らせた話など公になっている情報から、他国の秘密を突き止めることができる。諜報機関では公の情報源から手に入れる情報が約70％を占めており、極秘の工作活動で入手する情報はわずか3分の1にすぎない。

部外秘

機密情報を含む文書の紛失に関する調査について

（第283号事案）

ホセ・アルバレスのフィルムに写っていたドイツ国家保安本部の文書を分析したところ、以下のことが判明した。

同文書はゲーリング研究所の研究結果を記載したものであり、エーリッヒ・フィンケの報告書と覚書も含まれていた。実験の手順を示した写真には、エーリッヒ・フィンケ本人が写っているものが数枚あった。写真は高画質で、さまざまなアングルから撮影されたものだった。この写真から、フィンケとアルバレスが同一人物であることは明らかである。

コバレフのノートを調べたところ、コバレフは見つかったドイツ国家保安本部の文書の内容を知っており、それを学位論文に使おうとしていたことがわかった。おそらくコバレフは、アルバレスとフィンケが同一人物であり、アルバレス／フィンケがベルンシュタインの失踪に関わっていることに気付き始めていたと思われる。ＫＧＢの取り調べを受けてコバレフが不安になっていることを懸念したアルバレスが、口封じのためにコバレフを殺したものと考えられる。

第２総局　第９課
業務担当者
中尉　Ａ・Ｎ・シモノフ

１９５５年10月17日
モスクワ

1 2 3 4 5 6 Chapter Six 7

脳のトレーニング㊶　地図【レベル4】

今回は286頁よりもっと長く、もっと複雑なコースを設定しよう。やるべきことは同じだ。建物、川、池、公園などの場所を確認しながら、コースを頭のなかでたどっていこう。

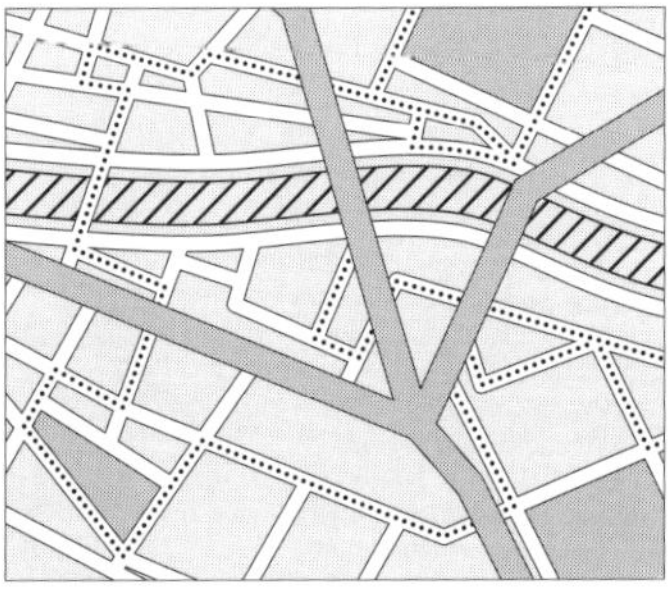

未来記憶とは何か

未来記憶とは、何かをしようという意図や予定を覚えているということである。過去記憶が実際に起こった過去の出来事の記憶であるのに対し、未来記憶は単に意図しただけでまだ起きていない、未来のことについての記憶である。

未来に関することを思い出す場合、まったく違った段取りを踏むことになる。それに関連した経験があるわけでも、思い出すべき過去の記憶があるわけでもないからだ。これからしようとしていることに関しては、そういった手がかりになるようなものがないため、思い出すという行為を本人が主体的に行うことになる。

例を挙げて主な違いを説明しよう。

過去記憶——妻が夫にパンを買ってきてくれたかどうかをたずねたとする。夫にとって、過去2時間の記憶を再現し、パン屋に行ったかどうかを思い出すのはたやすいことだ。それを思い出す必要を生じさせているのは、外的な刺激、つまり妻の質問である。夫には、決まった時間にそのことを考える必要はない。

未来記憶――今日は仕事帰りにパンを買ってきて、と妻が夫に頼んだとする。仕事からの帰り道、夫にパンを買うことを思い出させてくれる人は誰もいない。夫は頼まれたことをよもや忘れはしないだろうが、外的な刺激がない以上、家に帰り着くまでにそのことを思い出さない危険性もある。つまり、未来記憶は2つの部分に分かれており、1つは意図したことを記憶する部分、もう1つは意図したことをしかるべきタイミングで思い出す部分である。

工学、航空学、軍事の分野では、心理学者による未来記憶の研究が徹底的に行われている。事故や災害の発生原因は、オペレーターが何かをし忘れたことに端を発して負の連鎖が引き起こされるといったように、ほとんどが人間の未来記憶のミスである。飛行機事故の調査から、パイロットや管制官が重大なミスを最も犯しやすいのは、注意力を切り替えるタイミングだということがわかっている。これは実際にあった例だが、ある飛行機が着陸態勢に入って車輪を出したときに、車輪が固定されたことを示すランプがダッシュボードで点灯していないことにクルーが気付いた。パイロットは他の方法で車輪が下がっていることを確認しなくてはならなかったが、適切な措置をとることができなかった。ランプの電球が切れていたこと（これは後で判明したのだが）に気を取られている間に、飛行機は墜落してしまった。

航空業界には、未来記憶のミスを補うさまざまなルールがある。重要な動作が一個人の注意力や記憶力任せになるのを極力避けるため、そうしたルールを整備しているのだ。例えば、飛行機の操縦は段階ごとにチェックリストで確認し、２名以上のクルーで行うことになっている。１人が操作を行い、それを声に出して別のクルーに報告したら、そのクルーが動作をチェックするという具合だ。あらゆる操作について手順を覚え、それを習慣化して迷いなく実行できるようになっている。しかし、これほどの対策を講じているにもかかわらず、パイロットは時としてミスを犯してしまうのだ。

未来記憶がうまく働かないと、諜報機関は大きな代償を払うことになる。諜報部員が合言葉の確認を忘れたら、自分のエージェント・ネットワーク全体を危険にさらすことになってしまうのだ。そのようなことを防止するために、航空業界で長年使われている方法を諜報機関でも活用している。

脳のトレーニング㊷　テーブルに置かれた物［レベル５］

この課題も279頁よりさらに複雑になってきた。テーブルの上に置く物は6つ。さて、位置はどうなっているだろうか？

Chapter Six

未来記憶の訓練

自分の未来記憶のレベルを知るために、次の質問に答えてみよう。

・誕生日、祝祭日、記念日を忘れることがあるか?
・お湯を沸かした後、お茶を淹れるのを忘れることがあるか?
・ちょっとした頼まれごとや仕事を忘れ、結局できずじまいということがあるか?
・部屋に入り、他のことに気を取られて、その部屋に来た理由を忘れることがあるか?
・話の腰を折られ、何を言おうとしていたかわからなくなることがあるか?
・家を出るとき、何を持って行こうとしていたかをよく忘れるか?
・自分が忘れっぽいせいで、誰かと会う約束をすっぽかすことがあるか?

前述したとおり、未来記憶には2つの部分がある。意図したことを記憶するという部分と、それをしかるべきタイミングで思い出すという部分だ。未来記憶を鍛える方法はたくさんあり、本書でも既に単語リストでその訓練を積んできた。しかし、未来記憶で最もミスが起きやすいのは2つ目の部分であり、ミスの原因は、思い出させてくれる外からの刺激がないことだ。

未来記憶を鍛えたいと思ったら、アメリカの心理学者スティーブン・ラバージが提唱する方法で訓練すればよい。１日に何度も起きる出来事を「ターゲット」として設定する方法だ。このターゲットは「数字の７を見つける」でもよいし、「誰かが道路を掃除する」や「赤い服の女が道路を渡る」でもよい。目的は、１日の間にできるだけたくさんの７、あるいは道路清掃員や赤い服の女を見つけたまえ。自分が決めたターゲットに遭遇した回数を数え、日記に書き留めておいて、１週間あたりの回数を調べる。１つのターゲットで数日間訓練したら、別のターゲットを選ぼう。最初は１つから始め、ターゲットを２～３個に増やして同時進行させるのだ。そうすることで、未来記憶の２つの部分のつながりを強化することができるのだ。

■演習㉜■時間感覚を取り戻す

ターゲットとなる出来事を設定した訓練では、意図したことを外からの刺激で思い出す能力を鍛えることができる。しかし、それで十分かと言うと、そうはいかないのが未来記憶だ。しかるべきタイミングで、意図したことを思い出せなくてはならないのだ。諜報部員は他の誰よりも内なる時間感覚に優れていることが求められる。時間の感覚が優れていれば、第一に、外的な刺激がなくても適切なタイミングで必要なことを思い出せる。第二に、自分の仕事の所要時間がはっきりとわかるため、正確に仕事の計画を立てることができるのだ。

現代人は常に時計に頼っているため、内なる時間感覚は使われることなく徐々に失われてしまっている。その時間感覚を取り戻すには、もっと頻繁に直観に頼るようにしなくてはならない。

■演習㉝■自分の時間感覚を確認する

ストップウォッチか秒針のある時計で時間を計りながら、時計を見ずに、経過した時間を言い当てよう。1分から始め、5分、10分、1時間と延ばしていく。頭の中で秒数を数えたりせず、この演習以外にするはずだったことをしていよう。自分の時間感覚が遅すぎるのか速すぎるのかを確認し、もう一度やってみたまえ。

■演習㉞■時計を使わず1日過ごす

時計を使わずに1日を過ごそう。その日は携帯電話も使わなければなおよい。そうすれば、自分の時間の使い方を見直すことができるだろう。

■演習㉟■所要時間を予想する

ある作業に取りかかるときに、所要時間を予想してみよう。作業中は時計を見てはいけない。終わったら、実際にかかった時間と予想を比較してみたまえ。どれほど予想とかけ離れていただろうか？　予想した時間は長すぎただろうか、短すぎただろうか？　最初は、メールを書く、部屋を掃除するといった、ちょっとした作業から始めよう。ある程度、正確に予想できるようになってきたら、もっと時間のかかる作業やプロジェクトに移行しよう。

未来記憶に役立つ方法

未来記憶とは、意図したことに関する情報を覚えておいて、その時が来たら思い出すというものだ。このセクションでは、物事をしかるべき時に思い出せるようにするための実用的なテクニックを説明しよう。

何かを思い出す方法として最も簡単なのは、環境を変化させて普段とは違う状況にすることで気付きやすくする方法だ。例えば、スニーカーを歯ブラシのそばに置いておけば、朝のエクササイズを忘れることはない。変わった方法としては、何かを持って出かけるのを思い出せるように、車のキーを冷蔵庫に入れておくという手もある。置き場所がいつもと違っていることで、例えば同僚に渡す約束の本があれば、忘れずに持って出ることができるだろう。

大事な仕事がある場合には、それを常に覚えていられるようにする方法がある。手にバツ印を描いておくのもよい方法だ。人間は自分の手をしょっちゅう見るものであり、バツ印が目に入れば大事な仕事があることを常に覚えていられるというわけだ。

ポケットサイズのスケジュール帳も、未来記憶の強い味方だ。To Doリストは単にやるべきことをリストアップしたものというだけでなく、計画的に行動するためのツールなのだ。仕事に取りかかる前と一段落ついたタイミングでスケジュール帳を確認するように習慣化しておけば、そのたびに、何をやろうとしていたかを思い出すことになる。外的なリマインダーの助けを借りて内的な未来記憶を刺激してから、仕事に取りかかることができるのだ。

スケジュール帳で計画を立てられるのは、もちろんその日の仕事だけではない。親戚や友人の誕生日や記念日をカレンダーに書き、毎週月曜日に必ずその週のカレンダーを確認することをルール化しておけば、お祝いの連絡を入れるのを忘れることはない。また定期健診やペットの予防接種、公共料金の支払い、確定申告なども書き込んでおこう、たまにしかないことでずっとは覚えていられないということでも、忘れず予定どおりに片付けることができる。記念日や誕生日は電子端末で自動通知が表示されるようにすることもできるが、その場合は自分で思い出す必要がないため、未来記憶の能力は低下してしまう。

計画的に行動するには、意図していることを定期的に「スキャン」する、つまり一通り考えるという方法もある。特定の店の前を通るたびに買い物のことを考えるというルールにしておけば、食料品の買い物を忘れずに済むだろう。

何らかの事柄と意図していることとが直接的に結び付く場合もあれば、一種独特のかたちでつながる場合もある。毎月１日には溜まった請求書を全部見て支払いの予定を立てる、天気が良いと休暇をとることを考える、といった具合だ。

記憶力テスト⑰

アンドレイ・シモノフの最初の日記の日付は？

A　1954年12月
B　1954年1月
C　1956年3月
D　1955年6月

■演習㊱■自分独自のルールを作る

やろうと思っている仕事を「スキャン」するために、自分独自のルールを作ろう。最初は1〜2個のルールでよい。家から出かける、オフィスを出る、ある店の前を通りかかる、歩行者が道路を渡るのを見る、特定の時間や日にちになる、誰かに会うなど、何らかの事柄を決めておき、その事柄が起きるたびに、意図していたことをスキャン（考えるように）するのだ。
そのルールを守り、習慣化しよう。自分のゴールやニーズに応じて徐々にルールの数を増やしていくとよい。

前述の記憶術も未来記憶に活かすことができる。予定している仕事を思い出すキッカケやタイミングを考え、その事柄と仕事が登場する視覚的イメージをはっきり思い浮かべて感情を伴わせるのだ。例えば、ジークムント・フロイトの講演集を買うつもりだとしたら、そのことを思い出すキッカケとなる事柄を「書店の前を車で通りかかる」とすればよい。お気に入りの書店の前を車で通りかかって渋滞に巻き込まれてしまったところをイメージしよう。渋滞を引き起こしている張本人は、フロイト博士その人だ。道路の真ん中で、葉巻をくゆらせながら自著にサインしているせいで、渋滞が起きているのだ。

とにかく、やるべきことを忘れずにやる方法として最もよいのは、ルールや儀式を守ることだ。そういったルールが諜報機関には数多くある。エージェントと会う前後や会っている最中に何をするか、自分の仕事について何をどのように話すか、難しい質問にどのように答えるか、監視から逃れるにはどうするかなど、工作員はさまざまなルールに従って活動している。どんなミスも命取りになりかねない。その意味では、諜報機関は航空業界と似ている。パイロットと同じように、規則を定めてチェックリストで確認するという方法を使っているのだ。唯一違っている点は、諜報部員は文書に残すことはしない。ただ記憶するのみである。

前にも述べたように、未来記憶にミスが起きる原因は、ほとんどの場合が大事なことをしている最中に新しい仕事が入って気が散ってしまうことである。そうしたミスを減らすには、気が散ってしまったあと、すぐに新しい仕事に移らないようにすればよい。一呼吸おいて、気が散る前の記憶に立ち戻るのだ。戻ったところで新しい計画を立てよう。最初にやっていた仕事を後回しにし、新しく入った仕事をやって、また最初の仕事に戻るという計画を立てたら、これを頭のなかでリハーサルしてみたまえ。最初の仕事が中途半端になっていることをはっきりさせておけば、その仕事に戻って終わらせなくてはいけないことを思い出せるはずだ。ツァイガルニク効果のことを考えてみるとよい。

■演習㊲■チェックリストを作る

頻繁にやるべきことがあれば、そのための儀式とチェックリストを作ろう。家を出るときに必要な持ち物を忘れる場合は、リストを作って記憶する。出かける用意ができたら、必ず儀式として持ち物を一つひとつ思い出し、バッグに入っているかどうかをチェックしたまえ。

繰り返し行う行動のチェックリストを作っておけば、時間とエネルギーを節約できる。手はじめに、仕事に行くときの持ち物をすべてチェックリストにしてみよう。

未来記憶はたまに妙なミスを犯すことがある。何か大事なこと、例えばアイロンの電源を切る、車をロックする、猫に餌をやるといったことを、自分がやったかどうかを忘れてしまうのだ。その行動が習慣化されていて、ほとんど無意識のうちにやっているからである。もう終わらせたという事実は忘れているのに、それをしようという意図は頭に残っているため、もし忘れていたらどうしよう、と心配になってしまう。こういったことが頻繁に起きるようなら、298頁の未来記憶の訓練で使った「ターゲット」を設定する方法を活用するとよい。アイロンの電源を切ったのに、切り忘れたのではないかと心配になる場合は、「家を出る」「車を降りる」といった行動をターゲットとして設定する。その行動が刺激となって、アイロンのスイッチを切ったことが頭の中で確認できるのだ。

部外秘

機密情報を含む文書の紛失に関する調査について

（第283号事案）

ホセ・アルバレスの面通しを行うため、ダッハウ強制収容所の元囚人のルドルフ・アドラー、カール・サモン、ミハエル・リフシッツを東ドイツから呼び寄せた。面通しでは全員が、ホセ・アルバレスはドイツ人医師エーリッヒ・フィンケと同一人物であると断言。外見が似ているだけでなく、歩き方、しぐさ、表情も酷似していると指摘した。

第2総局 第9課
業務責任者
少佐 I・O・ミロスラフスキー

1955年11月11日

モスクワ

極秘

科学アカデミー資料室から紛失したナチスドイツの心理学的研究に関する機密文書の調査結果として、以下のとおり報告する。

調査のなかで、ホセ・アルバレスは戦争犯罪者エーリッヒ・フィンケと同一人物であると断定された。

さらに、アルバレスによる反ソビエト連邦のスパイ行為についても確証を得た。アルバレスが誰のために働いていたかを断定するには至らなかったものの、ファシズム崩壊後に中南米に逃れ、ナチズムの復興をもくろむ旧ナチ党員のグループと考えられる。アルバレス／フィンケの動機としては、自身がダッハウ強制収容所で行った犯罪を隠ぺいすることだったと思われるが、そうだとした場合、なぜ証拠となる文書を写真に撮って残す必要があったのかは不明である。

資料室職員S・Y・ベルンシュタインの失踪についても、アルバレス／フィンケが関与していると見て間違いないと思われる。ベルンシュタインはセキュリティ規則を破って資料室から文書を持ち出した。その文書をコバレフに見せたことは、文書の内容がコバレフの学位論文の草案に流用されていたことを見ても明らかである。

アルバレスはコバレフをとおして、その文書の存在と、ベルンシュタインがその文書にアクセスできる立場にあることを知った。おそらくアルバレスはその文書を手に入れようとして、ベルンシュタインを殺害したものと思われる。ベルンシュタインの遺体が発見されていないため、アルバレスが殺人に関与したことは立証不可能である。

また、アルバレスは4月21日にレストラン「コロス」でコバレフに会った際に、コバレフに毒を飲ませたと考えられる。おそらくコバレフは、そうとは知らずにエージェントとして利用されていたが、後になって自分がベルンシュタインの殺害に手を貸していたことに気付いたのであろう。コバレフの検死で既知の毒物が検出されていない以上、アルバレスがコバレフの殺人に関与したことも立証できない。
本件は起訴された。ホセ・アルバレスは戦争犯罪とスパイ行為という２つの罪状で裁かれることになる。

ソビエト社会主義共和国連邦
ＫＧＢ第２総局 局長
中将 Ｐ・Ｖ・フェドトフ

１５ｇ号
１９５６年２月６日
モスクワ

脳のトレーニング㊸　マッチ［レベル5］

２３２頁の練習を続けるだけでなく、マッチの数を７本から15本程度に増やそう。

このレベルになると難易度が非常に高くなる。すぐにできなかったとしても、諦めてはいけない。

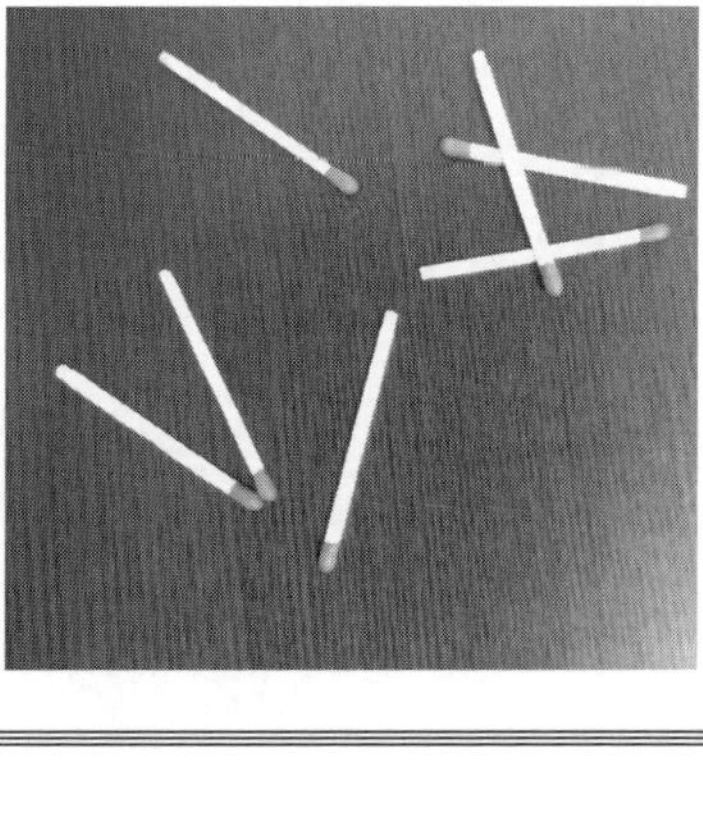

脳のトレーニング㊹　単語リスト［レベル5］

リストを覚えるスキルを習得してしまえば、単語の数をこれ以上増やしても意味はない。重要なのは、できるだけ短時間で単語を覚える方法を身に付けることだ。ストーリー記憶法と場所記憶法を交互に使いながら訓練しよう。

諜報機関と情報

世間一般のイメージとは裏腹に、違法な手段で情報を入手することばかりが諜報機関の仕事ではない。まず、必要な情報は全部が機密情報というわけではない。ほとんどの情報は、公開されている情報源から合法的な手段で集められる。報道や広告、会議や展示会、専門家との何の変哲もないやり取りなどである。情報そのものは他の情報と矛盾する場合もあり、それだけで重要な判断ができるわけではない。入手した情報を分析することこそが、最も重要な仕事なのだ。

諜報機関をそのように理解すれば、情報収集は状況を的確に把握するための重要な準備工程だということがわかるだろう。一次的な情報は時間さえあればどれだけでも集めることができるが、決まった期日までに報告書を出さなくてはならない。分析官は具体的任務と時間的余裕を考えたうえで、どんな情報が必要か、どの程度の信頼性が必要かというプランを立てなくてはならないのだ。

重要なこととして理解しておかなくてはならないのは、情報の信頼性は情報源によって異なるということである。諜報部員は通常、情報の信頼性とタイミングを秤にかける。必ずしも信頼性をとるとは限らないのだ。真実ばかりでなく、可能性の高さも判断しなくてはならないのが分析官なのである。

では、諜報機関の分析官は、任務を命じられてから何をするのだろうか？　まず、どの程度の時間的猶予があるかを判断する。諜報機関では、仕事を仕上げるタイミングに大きな意味がある。情報というものは、すぐに古くなってしまうものだ。完璧に仕上げ、十分に検証してから報告するのでは遅すぎると言っても過言ではない。

次に、分析官は問題をよく把握して、どこまで分析するかを決定する。一次的な情報と二次的な情報を見極めたうえで、何が重要かを絞り込む。何の計画もなく情報を集められるだけ集めていては、あまりにも時間と労力がかかりすぎるからだ。

最初に集めるのは公開されている資料だ。情報は重複することもある。別の情報と矛盾や食い違いが見られる場合もあるが、心配する必要はない。情報の収集方法や報告方法の違いが原因かもしれないし、情報源の信頼性に問題があるのかもしれない。情報を比較検討して、裏付けをとるか、何が間違っているかをはっきりさせればよいのだ。

間接的な情報が計り知れないほど役に立つことがある。例えば、有人宇宙船打ち上げの正確な日にちは極秘事項であり、直接それを知るのはほとんど不可能だ。しかし、これは実際に用いられた方法だが、宇宙飛行士の食糧は、打ち上げの1～2週間前になってから準備されることがわかっている。少しでも製造日の新しい食糧を持って行けるようにするためだ。食品会社は技術関連の会社よりもはるかにセキュリティが甘い。宇宙船の食糧を扱う食品会社の動きや、その会社の従業員が連絡を取り合っている相手の動向を監視していれば、打ち上げの日にちを1週間以内の精度で特定することができる。

利用可能な公開資料をすべて確認し終えたら、元のプランに立ち返る。重要な情報でまだ入手できていないものを特定し、その後の調査プランを立てる。どこからその情報を手に入れるかを検討して、機密情報の入手が妥当な場合は本部に申請する。

広い目で見ると、諜報機関の目的は、現在の状況を正確に把握して、軍事、政治、経済、科学、技術など公益性の高い分野の今後を予想することである。他国の状況について、諜報機関は3種類の情報に関心を持っている。現在の状況（何をしているのか）、能力（何ができるのか）、そして意図（何をしようとしているのか）である。

■演習㊳■結果を予想してみる

自分が関わっている問題について、結果がどうなるかを予想しよう。新たに建設される道路は自宅のそばにある公園を通ることになるのだろうか？　同僚のなかで部門長に昇進するのは誰だろう？　ひいきにしているチームは今シーズンのプレイオフに進出できるだろうか？　ここで考えるべきは、結果に対してどのような力が働くか、関係者のうち関心を持っているのは誰か、最終的な結果を左右する影響力を持っているのは誰か、ということである。公開されている情報を集め、それがどの程度信頼できるものかを判断する。そして、①現在の状況は？　②関係者それぞれの能力は？　③関係者それぞれの意図は？　という3つの質問に対する答えに基づいて、結果を予想してくれたまえ。それが正しいかどうかは、未来が教えてくれるだろう。

脳のトレーニング㊺　クロスワード【7×7】

このレベルまで来ると、使うマスの数は7×7マス。もうチェス盤ほどの大きさだ。黒いマスをグループ化して、図形や文字、数字の形として覚えよう。そうすれば、覚えるものの数を減らすことができる。

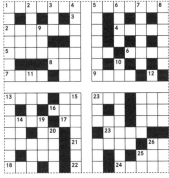

事実情報を比較し仮説する

分析官の仕事では、情報を個々に分析するよりも比較分析するほうがはるかに役に立つ。例えばXという国で、原子物理学を学ぶために外国留学する学生の数が2倍になったという情報があったとしても、それだけではたいして意味をなさない。人数が増えたのは単に、留学して専門的な勉強をするという若者全般の傾向が反映されているにすぎないとも考えられる。

しかし、他の情報と見比べてみると、違ったことが浮かび上がってくるかもしれない。

・X国の地方にある工場が工業用遠心分離機を購入している。
・この工場に乗り入れている鉄道路線に最新式ビデオ監視システムが装備されている。
・X国最大手の鉄道会社が危険物輸送用の特殊列車の製造を発注している。
・X国の原子力発電所で使用済み燃料冷却プールの増設が開始された。

すべての情報を総合すると、X国政府は使用済み核燃料の処理・濃縮技術を開発しているという合理的仮説を立てることができる。鉄道路線の様子と工場に到着する列車の記録を監視していれば、建設規模と進捗状況についても定量的結論を導き出せる。

この仮説を立てるために、Ｘ国の原子力機関に潜入して調査する必要はない。単に国の事業委託状況を監視して、出稼ぎの建設作業員や近辺に住む末端のエージェントから少し話を聞きさえすればよいのだ。

場合によってはじっくり観察することも必要だ。何の変哲もない情報でも、比較してみると予想もしなかった結果を導き出せることがある。例えば、防諜員Ａ（43歳、男性）の残業記録を見て、３月は２日、５日、６日、11日、15日、20日、21日、４月は２日、４日、７日、11日、13日、20日、５月は２日と15日に残業していたとする。しかし、これだけでは何の意味もなさない。別の部署の職員Ｂ（28歳、女性）の残業記録は、２月27日、３月５日、７日、11日、15日、20日、４月２日、４日、６日、15日、24日、６月５日となっているが、やはりこれだけでは意味がない。しかし、２人の情報を比較してみるとどうだろう？

Ａ―３月２、５、６、11、15、20、21日、４月２、４、７、11、13、20日、５月２、15日
Ｂ―２月27日、３月５、７、11、15、20日、４月２、４、６、15、24日、６月５日

これを見比べてみると、ＡはＢと親密な関係になり、その関係は４月初旬に終わったか、次の段階に進んだ（プライベートで会うようになった）と推測できる。これは最終結論ではなく

単なる仮定にすぎないが、裏付けをとるのは簡単だ。

統計資料は諜報部員にとって頼もしいデータマイニング・ツールだが、取り扱いには注意が必要だ。統計的な手法を使う場合には、それ相応の大量なデータと訓練が必要であり、慎重に立てた仮説を統計的に検証することも必要だ。正当な合理的根拠のないまま、むやみに統計資料を使用していると、仮に何らかの関係性を導き出せたとしても、それは役に立たないばかりか、まったく誤った結論ということになりかねない。「キュウリを食べる人は全員がいつかは死ぬ。したがって、キュウリを食べると死ぬ」というように。

■演習㊴■カフェの売上金額を割り出す

よく行くカフェの1週間の売上金額がどの程度かを割り出してみよう。どんな手法を使うかをはっきりさせよう。概算金額を出す方法をいくつか考えるのだ。テーブル数と席数、メニュー、伝票に記載されている情報、人から聞いた話、自分で見たことや経験したことなど、使える情報はすべて使おう。

結果を確認するには、スタッフの誰かに聞いてみるとよい。ウエイターは売上に応じてチップをもらっているので、カフェの売上もよくわかっているはずだ。

犯罪捜査の科学的手法

分析官の仕事は科学者や捜査官の仕事と似ている。ばらばらの情報を集め、それを元にして理路整然とした全体像を描くのだ。何らかの規則性が見い出せないかと期待しながら、わかっている事実をすべて比較していては、あまりにも時間がかかりすぎるうえに、必ずしも成果が得られるとは限らない。この過程を着実に進めるために、分析官は犯罪学などの近代科学に採り入れられている調査モデルを使っている。

第１段階　事実
そのテーマに関して明らかになっている基本的な事実情報を集める。それを視覚的にイメージし、図表やマインドマップを作成する。可能であれば、既存の理論や意見・見解を調べる。情報は完全に正確で信頼できるものばかりではなく、理論も不完全なものや誤ったものがあることに注意する。捜査官であれば犯行現場の検証と証人の聴取を行うのが、この段階である。

第２段階　仮説
仮説（最も事実の説明がつく仮定）を立てる。犯罪捜査では、捜査官が証拠と証言を元に犯人と犯行手口の仮説を立てることになる。ある大企業のトップが銃で撃たれたとしたら、犯行現場の検証と従業員の事情聴取から、被害者の部下の1人がトップの座を狙って犯行におよんだという仮説を立てることができるかもしれない。

第3段階　結論

仮説が正しいとしたらどうなるか、仮説が正しいのかどうかを考える。最初に入手した事実情報だけではわからないことまで、仮説の結論として考えなくてはならない。先ほどの例で行くと、捜査官はおそらく次のように考えを進められるだろう。死体が発見されたのは犯行の1時間半後であり、警備員の話では警察の到着までにオフィスを出た者はいなかった。したがって、凶器はまだ建物内に残されており、殺人犯も建物内にいる。

第4段階　検証

仮説をさらに推し進め、前の段階で仮説から導き出した結論が正しいかどうかを確認できる新事実を探す。新たな事実を手に入れるには、実験を行うのも1つの方法だ。新事実によって自分の論理が崩れてしまった場合には、その仮説を捨てるか修正することになる。第1段階か第2段階に戻り、新事実に基づいて新たな仮説を立てる。仮説の結論がほぼ正しかったことが確認できれば、仮説がそのまま証明できたと考えられる。ただ、これはあくまで暫定的に証明されたにすぎない。それを覆すような事実がそのうち出てこないとも限らないからだ。一般的に、科学者は仮説が間違っていることを証明するほうに力を入れるが、捜査官は、残念ながら、仮説の正しさを裏付けようとする。

仮説（部下による殺人）を立て、結論（建物内に残された銃）が確認できれば、その後の調査の方向性は自ずと定まる。どこ（建物内）を探し、何（銃）を見つければよいか、もうわかっているのだ。どこで何を探せばよいかわからないより余程よい。銃が見つかれば、元の仮説をさらに進めることができる。銃が見つからなかった場合、捜査官がやるべきことは、銃がどのように建物の外に持ち出されたかを解き明かすこと、あるいは別の仮説を立てることである。

前のセクションで例に挙げた使用済み核燃料の処理技術開発の場合なら、次のように論理を組み立てることができる。

第1段階　事実——5つの情報をつかむ

1．原子物理学を学ぶ学生の数が倍増した。
2．大手化学企業が高性能遠心分離機を購入した。

Prologue
Chapter One 1
Chapter Two 2
Chapter Three 3
Chapter Four 4
Chapter Five 5
Chapter Six 6
Chapter Seven 7

3. 工場に乗り入れている鉄道路線にビデオ監視システムが装備されている。
4. 危険物輸送用の特殊列車が発注されている。
5. 主要原子力発電所で使用済み核燃料の冷却プールを増設中である。

第2段階　仮説——原子力分野での政策実施か？

X国は使用済み核燃料の処理・濃縮技術を開発している。冷却プールを増設しているということは、使用済み核燃料を貯蔵する意図があるということである。鉄道路線のセキュリティ対策は、重要な物品の輸送経路や輸送量が変わったことを意味している可能性がある。専門家の人数を増やそうとしているのは、原子力分野で本格的かつ長期的な政策が新たに実施されているからである。また、これは専門家が従事する仕事が特殊なものであることも意味している。そうでないなら、国外から専門家を招けばよいだけだからだ。

第3段階　結論——原子力分野の動きが進んでいる

先の仮説が正しいとしたら、次のような結論に帰結するはずである。
・化学工場近辺の放射能レベルが上昇する。
・大気中に汚染物質が発生する。
・この企業が硝酸（放射性固形廃棄物の溶解に必要）を購入する。

・核廃棄物処理には極めて複雑なセメント固化、ガラス固化、アスファルト固化の工程が必要なため、工場で高度な土木インフラ整備が進められる。
・特殊なコンテナを積んだ武装列車が原子力発電所と工場の間で定期運行される。
こうした結論を導き出せるようになるには、核廃棄物処理技術に精通すればよいだけのことである。国際的な原子力機関や自然保護団体のウェブサイトなど、公開されている情報源を使えば、そうした知識を身に付けることができる。

第4段階　検証——裏付けを取る

放射能レベルの上昇や放射性ガスの放出については、マスメディアや環境保護関連のウェブサイトで公表されるだろう。水や空気のサンプルを採取して化学分析を行ったり、その鉄道路線を走る列車の動きを監視するには、X国にいるエージェントのネットワークを使う必要があるかもしれない。
第4段階で裏付けが取れれば、この結論と仮説が正しいことはほぼ確実と考えられるため、それに基づいて次の行動に移る必要がある。裏付けが取れない場合は、何が行われているのかについて新たな仮説を立てなくてはならない。

科学的調査はフォーマルかつクリエイティブな行為である。なぜフォーマルかというと、仮説を証明するにしても反証するにしても、論理的法則に基づいて行うからだ。なぜクリエイティブかというと、仮説を立てられるのは洞察力があればこそだからである。にもかかわらず、科学的手法を用いることで時間もリソースも大幅に節約できる。方向性を持って情報を調査できるからだ。我々は取るに足りない情報の抽出に無駄な時間をかけたりはしない。だからこそ、スピーディに意思決定を行い、エージェントのリスクを減らすことができるのだ。

科学的手法を使う際には、これまで実際に効果を上げてきた次の指針に従ってくれたまえ。

1. 使える仮説をできるだけ早急に立てること。やみくもに情報を集めていると問題の解決が遅れることになる。
2. 仮説は批判的な目で見ること。事実を仮説に合わせていると、間違った方向に進んでしまいやすい。
3. 振り出しに戻ってもいいように心の準備をしておくこと。仮説が間違っていたことが証明されても、それは敗北ではなく、真実に一歩近付いたということである。
4. 優れた仮説を立てるには時間がかかる。行き詰まったら休憩すること。

判断するには時間が必要なのだ。

■演習⑩■受付女性を観察してみる

普段は注意を払わないような人のことをもっと知るようにしよう。例えば、職場で受付をしている年配の女性を観察してみる。家族はいるだろうか？　もしカラフルな靴下を編んでいるなら、彼女には孫がいると仮定できる。この仮説を検証するために、彼女に話しかけてみよう。孫へのプレゼントを何か渡してみれば、彼女はそれを受け取るか断るかして、その理由を説明してくれるだろう。

職場の警備員の勤務スケジュールを把握しよう。あるいは、よく行く青果店の店員の出身地を推測して確認してみよう。

■演習㊶■自国の政治についての今後を予測

自分の国の政治について、ほとんどの人が知っているよりも深く理解するよう努めよう。公には語られていないことを解明しよう。事実情報を集め、それを比較して仮説を立て、今後を予測する。それが正しいかどうかは、時が経てばわかるだろう。

記憶力テスト⑱

捜査官がベルンシュタインとアルバレスのつながりを立証できたのは、どのような事実があったからか？（回答は複数選択可）

A　ベルンシュタインの友人であるコバレフをアルバレスが知っていた。
B　アルバレスが撮影した写真にベルンシュタインが写っていた。
C　ブエノスアイレスで「シモニデス」がアルバレスに会った際に、アルバレスがベルンシュタインを知っていたという事実が判明した。
D　KGB第7局の工作員がアルバレスのホテルの部屋を捜索中に、ドイツ国家保安本部資料室から押収した文書を発見した。
E　アルバレスがエージェント「シモニデス」にモスクワで会った際に、ドイツ国家保安本部の文書の写真を見せた。

F

ベルンシュタインが管理していたソビエト連邦科学アカデミー資料室から紛失した文書の写真が、アルバレスの逮捕後、アルバレスの部屋で見つかった。

第7章 二重スパイ Chapter Seven

時として、エージェントや工作員は敵に見つかってしまったり、スパイ用語で「コンプロマイズ」することつまり弱みを握られて従わざるを得なくなることがある。そうした場合、エージェントの正体を見破った諜報機関が「第二の仕事」を提案してくることも考えられる。弱みを握られたエージェントは提案を受け入れ、自国政府の諜報機関にはそのことを報告しない場合もあれば、自分の上司の承認を得たうえで、その仕事を受ける場合もある。

第一のケースでは、このエージェントは裏切り者ということになる。それでメリットが得られることもあるが、恥ずべき行為であることには違いない。第二のケースでは、新しい「雇い主」を欺きながら、それまでとは違った立場で自国のために働き続けることになる。

普通のエージェントが二重生活を送っているとしたら、二重スパイの場合は三重生活だ。一瞬たりとも自制心を失うことはできない。なにひとつとして混同したり忘れたりするようなことがあってはならないのだ。

情報を得るための心理学的手法

フロイトは、人間の精神は意識と無意識で構成されており、この2つにはそれぞれ独自の法則があると考えた。フロイトはそれを氷山に例えて説明している。外から見えるのは表面のほんの一部でしかなく、大きな氷山の90％は水面下に隠れている。それと同様に、人間の精神は意識されていない部分がほとんどであり、それが密かに感情や思考、行動に影響を与えているというのである。

フロイトの説によると、無意識のなかには禁止された願望、感情、思考が存在する。多くの場合、その原因となっている事柄は抑圧されて意識から締め出され、無意識のなかに追いやられている。内なる葛藤の原因を無視したり忘れたりすることによって、人は葛藤を解消し、心の平穏を取り戻しているのだ。実際に、心因性健忘の患者が過酷な経験をした状況を忘れているケースが多いことは、心理療法士も認識している。耐え切れないほどの感情を伴う出来事だった場合、人はそれを忘却の淵に沈めるのである。

この理論については100年以上にわたって議論が繰り広げられてきた。心理学者のなかには、精神分析は非科学的で実験的裏付けがないと批判する者もいれば、価値を認めて診療に活かしている者もいる。

フロイトによると、抑圧されて無意識に沈んでいる内容と意識との間で葛藤があると、不安障害、うつ、強迫性障害といった心的障害につながることがある。フロイトはこのような障害の治療法として、精神分析（患者が精神分析医との話をとおして内なる葛藤の原因を理解する）を提唱した。無意識のなかに潜んで辛い症状を引き起こしている原因を意識化しさえすれば、葛藤を和らげて快方に向かわせることができる、と主張したのである。

彼は無意識を分析する方法をいくつも考え出している。その1つが自由連想法という、患者が頭に浮かんだことをすべて言葉にしていく方法である。ある時点で、あたかも障害物にぶつかったかのように患者が言葉に詰まったら、それは意識から締め出されて抑圧されていた重要な情報にたどり着き、それを思い出したということだ。他の方法としては夢分析があり、これは夢の登場人物とあらすじが無意識の内容を表しているとするものである。夢分析の助けを借りて、抑圧された感情、願望、記憶に気付くことができるというわけだ。

フロイトが夢分析の価値を高く評価していたことは、夢を「無意識への王道」と呼んでいたことからもよくわかる。夢には実に大きな価値があり、さまざまな問題の解決に役立っている。ベンゼン環の構造や元素の周期表といった重要な科学的概念も、夢から着想を得て生まれたものである。

フロイトの抑圧理論の結論として重要なことは、人間は不快な事柄を忘れる傾向にあるということだ。罪を犯したり、誰かをだましたり、冷たくあたるなど、罪悪感を感じる行為や恥ずべき行為は記憶から消し去ってしまうことが多々あるのだ。ちょっとした借金や頼まれごと、するように言われたこと、果たしていない約束も忘れてしまったりする。また、人間の記憶のなかでは物事が部分的に変えられてしまうこともある。他の人の言動や状況は覚えているのに、自分がしたことは忘れているというような場合だ。

諜報部員が情報を得るために話を聞かなくてはならない相手は、心に傷を負うような出来事を経験して記憶が抑圧されている場合も少なくない。その記憶を思い出してもらうためには、精神分析の手法を使うとよい。その出来事について考えてもらい、直接関係がなくても頭に浮かんだことをすべて話してもらう。相手が話したことを分析し、その出来事に直接的にでも間接的にでも関係のありそうなことをすべてメモする。相手が言葉に詰まったり、話すのをやめた場合には、何を考えていたかを話してくれるよう頼む。相手に寄り添って、どんなことを話しても絶対に責めたりしないことをはっきり伝え、1つの連想から次の連想へと進めていく。そうすれば、相手が言葉にしたことのなかに欲しかった情報が見つかったり、抑圧されていた記憶を思い出せる可能性が高くなるだろう。

心に傷を負うような出来事（大切な人の死、テロ、軍事行為）を思い出すのは苦しいものである。大きな心的トラウマを抱える相手と話す場合は、しかるべき心理学者の助けを借りたまえ。

■演習㊷■夢日記をつける

夢日記をつけるのは、自分を知る方法としておもしろいだけでなく、記憶力の訓練としても効果的だ。夢を記憶しておくために、ペンとノートを枕元に置いておこう。目が覚めたらすぐ、ベッドから出ずに、見た夢のあらすじを単語2～3語程度で書き留めておく。夢のなかでどんな気持ちだったかを考えよう。そのあと、午前中の間にノートを見返し、夢の内容を具体的に書き足していく。同じストーリーやイメージが何度も夢に出てくることがあるが、これは自分にとって何か重要なこと、自分が特に気にしていることを示していると考えられる。

脳のトレーニング㊻　クロスワード［12×8］

黒いマスを頭のなかでグループ化し、そしてそれを視覚的な図や形としてイメージしてみよう。

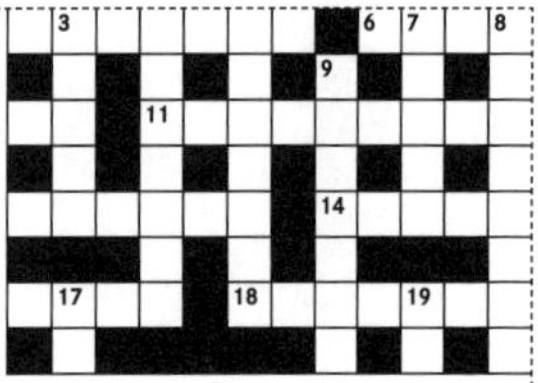

真実と虚偽を見分ける

記憶とは何だろう？　データベースだろうか、それともデータの再構築プロセスだろうか？　現代心理学では、記憶はプロセスであるとされている。過去の記憶は、思い出すたびに再構築されているのである。これは、忘れてしまった情報でも記憶のなかに残っている断片をつなぎ合わせ、全体像を作り直して復元できることを意味している。しかしその一方で、新たに再構築するたびに記憶が作り変えられるということでもある。

フランスの心理学者ジャン・ピアジェはこのことを、自身の経験を例にとって説明している。ピアジェは自分が２歳のころに、ベビーカーに乗っていて誰かに連れ去られそうになったことを覚えていた。乳母がどうやって自分を守ってくれたか、警官を目にした犯人がどうやって逃げて行ったかなど、誘拐されそうになった場面をこと細かに説明することができたのだ。ピアジェは自分の記憶をずっと信じていた。ところが15歳のとき、その乳母が信仰に目覚めてジャンの両親に手紙をよこし、誘拐の話は最初から最後まですべて乳母の作り話だったことを告白したのだ。おそらくピアジェは、この話を何度も両親から聞かされているうちに、それを視覚的にイメージするようになり、本当の話として記憶していたのだろう。この例からもわかるように、人間は実際とは違う出来事を頭のなかで作り上げ、その記憶が真実だと確信していることがあるのだ。

幼少期の記憶は真実と異なる場合が多い。これは心理学者が幼児期健忘と呼ぶ現象のせいである。生後数年間の記憶は残らないというのが幼児期健忘だが、これについては精神分析的な理論（子どもの葛藤が抑圧されたために忘れている）から神経生物学的な理論（幼児期は脳の構造が未熟なため）まで、いくつもの理論がある。現在は最も有力な説として、長期記憶の発達が抽象的思考や言語の発達と関連しているためとされている。生後数年間はまだ概念そのものがわかっていないため、出来事が記憶に定着されないということである。

しかし現実に、顔やおもちゃ、エピソードや出来事を幼児期の記憶として覚えている人は多い。ただ、そういった記憶はピアジェの誘拐事件のように、写真を見たり大人の話を聞いたりして形成されているのが普通である。


また、虚偽記憶は幼児期健忘による記憶の空白を埋めるだけのものと考えてはならない。認知の誤りによって虚偽記憶が形成されることもあるのだ。人は見たいものを見る。自分の信念と矛盾したものは無視し、その信念に従ってイメージを作り上げてしまう。もし、犯罪を犯すような人間はほとんどがホームレスだと信じている人が犯罪を目撃したとしたら、犯人はホームレスだと証言するだろう。犯人に裕福な人間が持つ特徴があったとしても気が付かず、それ以外の細かい点を挙げてもっとホームレスらしく描写するかもしれない。自分のステレオタイプに基づいて出来事を作り直しているにもかかわらず、自分ではすべてをありのまま正確に覚えていると信じているのだ。

その他に、虚偽記憶は同調からも生じる。同調とは、態度、信念、行動を、集団の社会規範に合わせる行為である。数々の心理学的実験で、人間はいとも簡単にカリスマ的な人物の影響を受けたり、実験で手本役の被験者がするとおりにしてしまうことがわかっている。なかには他の被験者が同じことをしているのを見て、明らかに正しいことでも進んで否定したり、嘘でも正しいと認めたりする人までいる。複数の線の長さを比較する実験では、明らかに線の長さが違っているにもかかわらず、他の被験者らが自分より先に同じ長さと答えたために、線の長さは同じだと思った被験者が40％以上もいた。このように、他人の影響を受けやすい人の場合は、そう記憶するよう暗示をかけられたことを記憶している可能性がある。元々権威や権力のある人からすり込まれたり、何度も繰り返し聞かされた記憶であればなおさらである。

虚偽記憶はまったくの嘘というわけではない。本当に間違って記憶しているだけなのだ。その記憶について話すときも、自分の言葉を信じているのだから自信を持って話をする。大抵の場合、記憶のなかでは筋が通っているのである。

常にさまざまな情報提供者から話を聞かなくてはならない諜報部員は、相手の記憶が虚偽記憶であることも多いため、情報の再確認が必要だ。真実と虚偽を見分けるためにまずやるべきことは、別の情報源の情報と比較することである。他から入手した情報と合致していれば、真実である可能性が高い。もし食い違いがあるようなら、どちらの情報源が信頼できるかを評価しなくてはならない。記憶が真実かどうかを見極めるもう１つの方法として、相手が本当に見聞きしたことや思ったことを最初から最後まで、何度でも徹底的に確認するという方法もある。

記憶力テスト⑲

「犯罪捜査」のセクションで、大手企業が購入したものは?

A　鉄道路線

B　ビデオ監視システム

C　危険物

D　遠心分離機

■演習㊸■イベント参加者に質問してみる

あるイベント（祝い事、パーティ、ピクニックなど）の数日後、そのイベントについて参加者全員に質問してみたまえ。誰がいたか?　誰が何を着ていたか?　誰がどこに座っていたか?　何の話をしたか?　テーブルの上には何があったか?　誰がいつ来て、いつ帰ったか?　人によってあまりにも答えが違って驚くかもしれない。できればイベントの写真やビデオを見て、記憶の信ぴょう性を確認しよう。

■演習㊹■子ども時代の記憶を確認してみる

自分の子ども時代を振り返って、最も鮮明な記憶について考えてみよう。両親や親戚の話と比較し、家族写真や残っているビデオとも比較してみたまえ。もし食い違いがあるようなら、食い違いの原因を突き止めよう。

■演習㊺■自伝を書いてカバーストーリーの訓練

自伝を書いてみよう。生まれたときから現在に至るまで、1年ごとに自分の人生の歴史を復元するのだ。住んでいた場所、自分がしたこと、親しかった友人を思い出そう。自分のことを知っている人にたずねたり、自分の記憶と家族写真や書類とを比較してみるとよい。旧友やクラスメイト、同窓生を探し出し、前の職場の同僚にも連絡をとってみよう。この演習は諜報部員にとって、説得力のあるカバーストーリーを作るよい練習になるだろう。

こうして記憶を操作する

記憶とはもろいものであり、それゆえに情報提供者の証言や情報にも疑いが生じることがある。間違って覚えていたり、他の誰かに暗示をかけられたために、記憶そのものが真実とは異なっている可能性があるからだ。

経験豊富な弁護士は、どうすれば証人の証言を崩すことができるかわかっている。些細なことについて込み入った質問をし、証人が自分の証言に自信を持てなくなるようにするのだ。その結果、証言が全体的に信用できないものということになる。

例えば、強盗が猛スピードで銀行に乗り付けた車は何色のシトロエンだったかと質問されて、証人は「緑色」と答える。弁護士に答えを迫られて車の色を思い出したものの、実は車が銀行に近付いてくるところは見ておらず、車のモデルも特定できていなかった。それでも弁護士の誘導尋問によって証人は記憶を再構築し、そしてこれが最も重要な点なのだが、自分でもそうだったと信じてしまうのだ。はい、車は緑のシトロエンでした、猛スピードで銀行にやって来ました、と。その証言を聞いたあと、弁護士は監視カメラ映像を出してきて比較する。映像に写っているのは、古い緑のフォードがゆっくりと銀行まで走ってくる場面だ。明らかな食い違いを目の当たりにして、法廷における証人の証言は信ぴょう性を失い、証人自身も強盗事件の状況に関する記憶に自信が持てなくなる。何より重要な犯人の特定についても、証人は自信を持って断定することができず、強盗犯は実際に罪を逃れる可能性を手にすることになる。

有罪であれ無罪であれ、その裏付けとなる証拠は誤っている可能性がある。司法制度の歴史は誤審だらけであり、虚偽記憶が元で罪のない人に有罪の判決が下されてきた。子どもの証言は特に疑わしいものである。子どもは想像力が豊かで暗示にかかりやすいため、証人としてはあまり役に立たないのである。

記憶は情報の保管庫ではない。再構築のプロセスを経て形成されるものだ。このプロセスで外からの干渉を受ければ、それが結果に影響する。既存の記憶を変えたり崩したりできるだけでなく、新しく記憶をすり込むことも可能だ。実験によると、約30％の割合で、成人被験者に虚偽の記憶を子ども時代の記憶として思い出させることができる。なかにはそうした記憶が被験者自身の人生の一部となり、具体的で鮮明な、感情を伴う記憶になる場合もある。

大人になってからの出来事でも虚偽記憶のすり込みは可能であり、特に嘘と真実が混在する場合は記憶が形成されやすい。実際には起きていない出来事を誰かに「思い出させる」能力は、諜報部員にも役に立つことがある。法律にとらわれずに活動している諜報部員なら、なおさらである。

大人になってからの記憶をすり込む作業がうまくいくコツをいくつか紹介しよう。

1. その出来事から長い時間が経過している必要がある。実際に起きていない出来事の記憶をすり込むには、3〜5年前に「発生」した出来事でなくてはならない。出来事自体は実際に起きたもので、細かい事柄だけをすり込むのであれば、数か月前でも構わない。
2. 出来事の説明にはリアリティがなくてはならない。嘘を真実に紛れ込ませる。実際になかった出来事は、必ず相手の人生で本当にあった場面と結び付けること。
3. ストーリーに説得力を持たせるには、細かい情報をいろいろと盛り込むこと。
4. 種類の異なる感覚（視覚、聴覚、嗅覚など）をとおして入ってきた情報がストーリーに含まれていれば信じやすい。
5. ストーリーを偽造文書や写真、信頼できる証人の証言で裏付けられればベストである。
6. 虚偽記憶のすり込みには時間がかかる。与えた情報が対象者の記憶に定着するように、「暗示セッション（すり込み）」は間隔をおいて行うとよい。最初はすべて否定していた人でも、この間に疑念を持ち始める。次の「セッション」に進む準備が整ったということだ。すり込んだ記憶は何度もおさらいしなくてはならない。繰り返し聞かせる回数が多ければ多いほど、しっかりと暗示をかけることができる。

7. 相手が否定した場合、とるべき戦略は記憶の不確かさに目を向けさせることである。「思い出してみてください」、「忘れているだけですよ。それは実際に起きたこととは違っています」、「そんなはずはありません、だって……」といったような言い回しをするとよい。「あの人は顎ひげを生やしていましたよね？」、「あれは夜でした。街灯が点いていたのを覚えていますか？」など、「はい」と答えられる質問が盛り込まれた誘導尋問も役に立つことがある。

記憶の操作は、「サンタクロースがプレゼントを持って来てくれたよ！」といった、まったく罪のないものもあれば、極めて危険なものもある。政治的なプロパガンダは大抵の場合が嘘であり、国の歴史、つまり国民の集団的記憶を書き換えようとするものである。

■演習㊻■虚偽記憶をすり込む

知人の1人に虚偽記憶をすり込もう。例えば、パーティで何かおかしなことや気まずい状況が起きたというような記憶だ。詳しいストーリーを作り上げ、それをすり込む戦略を立てる。できれば「証人」や「物証」も用意するとよい。最初は否定されても諦めてはいけない。

そのことを思い出して、もっと詳しく教えてくれるよう相手に頼もう。きっと自分で最初に考えていたストーリーよりも変化に富んだおもしろい内容になるだろう。

気を付けなくてはならないのは、虚偽記憶のすり込みは相手の心を傷つける可能性があるということだ。自分の話を知人が信じたら、すぐに悪ふざけだったと告白しよう。

ポリグラフを欺く

ポリグラフ（一般的には「嘘発見器」）は、脈拍、血圧、呼吸、皮膚電気反応、筋肉の緊張、手足の震えなど、人間の生理的状態を測定して記録する装置である。

人間は嘘をつくと心のなかで葛藤が生じる。罪の意識を感じたり、本当のことがばれて罰を受けるのではないかと心配になるのだ。内的葛藤によって激しい感情が生まれれば、それはすぐにポリグラフに表れてしまう。しかし、ポリグラフは嘘を直接検出するわけではなく、単に感情が高ぶっていることを示すだけである。それを正しく解釈することで、被験者が嘘をついているかどうかがわかるのだ。

ポリグラフ検査でどのような結果が出るかは、90％が検査官の知識と経験にかかっている。第一に、被験者の反応は質問によって変わってくるため、よく考えて作った質問を適切な順序で行う必要がある。第二に、嘘をついている場合、人間の感情にどのような反応が表れるのかを検査官が理解していなくてはならない。なにしろ被験者は、真実を語っていたとしても、検査手順そのものが怖くてドキドキしているということもあり得るのだから。

被験者の言うことが真実か嘘かは検査官が最終的に判断するわけだが、この判断はさまざまな意味で主観的なものである。検査官は生理指標を解釈する際に、虚偽の証言を真実と断定する、あるいは被験者が真実を語っているのに嘘だと糾弾するという、2種類のミスのどちらかを犯してしまうおそれがある。ポリグラフ検査の精度を大きく左右するのが被験者に対する質問だ。質問には「関係質問」と「対照質問」の2種類がある。前者は検査目的に直接関係する質問であり、後者は被験者が嘘をついている場合にどうなるかを知るための質問である。対照質問としては、被験者が無理にでも嘘をついて自分の体裁を保とうとするような質問を選ぶ。

関係質問は「機密情報を不正に第三者に渡したことがありますか？」というような質問であ

る。対照質問としては「他の人の所有物を自分のものにしてしまったことがありますか?」といったようなものが考えられる。普通、誰でも一度は他の誰かの物をとったことがあるが、泥棒のように思われるのは嫌なので、この質問には嘘で答える可能性が高い。このときに表れる感情的反応が、関係質問に対する反応の分析に必要なのである。

感情は個人個人で異なるため、検査官は反応そのものを見るのではなく、反応の違いを見る。関係質問に対する反応が対照質問より大きかった場合、被験者は罪に問われることを恐れている可能性が高い。もしそれが逆なら、普通の人と同じように、被験者は自分の体裁を気にしてはいるが、スパイ容疑は立証されなかったことになる。

ポリグラフを欺くことは可能であり、優秀な諜報部員ならその方法を知っている。検査をパスする方法はたくさんあるが、専門家による分類は次のとおりである。

1. 物理的手法——これは最もシンプルな方法である。やるべきことは、舌や頬の内側を噛む、つま先を強く曲げる、靴に仕込んだ画鋲につま先を押しつけるなど、自分に痛みを与えることだ。痛みで筋肉を緊張させれば生理指標の測定結果をゆがめられるため、検査官は仕事をするのが困難になる。ただし、物理的手法で抵抗しようとしても、経験豊富な検査官には検査中に気付かれてしまうため、そうなると被験者に有利には働かなくなるだろう。

2. 薬理的手法――鎮静剤や興奮剤を摂取すると、検査官が真偽の判断基準に使う数値を狂わせることができる。ただし、この手法を用いる際には注意が必要だ。瞳孔の収縮や拡張、脈拍や肌の色の変化から、向精神薬を使用したことがばれてしまう可能性がある。それればかりか、過剰摂取の危険もある。

3. 行動的手法――度を超えて親しげにふるまう、検査官と無駄話をする、質問をそっくりそのまま繰り返す、沈黙するなど。必要以上に興奮していれば生理指標を乱すことができる。関係質問と対照質問に対する反応の違いから嘘をついていることがばれそうになっても、質問や検査官の言うことすべてに対して大きな反応が出れば切り抜けることができる。過剰なまでに馴れ馴れしい態度やリラックスした態度の場合も、検査官の仕事を難しくすることができる。

4. 精神的手法――心理的な自己規制をベースとしたテクニックである。ここに分類される方法には、ヨガをはじめ、東洋のさまざまな慣習に倣ったリラックス法や、暗算をしたり何かの問題をひたすら考えるといった複雑なやり方で気を散らす方法などがある。この手法は効果的だが、かなりの準備が必要となる。

正当化も効果の高い手法だ。検査の目的を把握したうえで、あらかじめ準備をしておく。関係質問をされても不安や興奮が表れないようにするために、被験者は隠しておきたい行為を正当化できるような説明を自分のなかにすり込んでおくのだ。機密情報を他国の諜報部員に渡したということであれば、科学的情報が機密ではなくなり広まったのだから、平和的な目的に利用されるはずだと解釈し直せる。店の金を盗んだ店員は、給料の未払いがあったのだから、それを取り戻しただけで何も盗んでいない、というように自分の行為を正当化できる。うまく正当化できれば自分の行動に自信を持つことができ、嘘をついていることによる内的葛藤が解消されるため、効果は極めて高い。これと同じ理由から、ポリグラフでは虚偽記憶を見分けることができない。検査を受けている人間には自分の言っていることが真実だという絶対的な確信があるからだ。

生理指標を正確に解釈する絶対的な方法がない以上、ポリグラフを欺く手法で完全に信頼できるものも存在しない。いずれにせよ、嘘発見器の検査を切り抜けるには知識と訓練が必要ということだ。

■演習㊼■生理指標をコントロール

自分の生理指標をコントロールできるようにしよう。それには心拍と皮膚電気反応のセンサーが必要となる。センサーを手の指か耳たぶにはめてモニターに接続すると、生理指標をリアルタイムで追跡測定できる。

豊富に出回っているコンピューター・プログラムの助けを借りて、生理的状態を意識的にコントロールする方法を身に付けることもできる。このスキルはポリグラフ検査以外でも大いに役立つだろう。

脳のトレーニング㊼　反意語

次頁の表を見てくれたまえ。

このトレーニングでは、表に書かれている言葉は口にせず、その反対語を声に出して言わなくてはならない。

「明るい」という言葉を見たら「暗い」と言う、といった具合だ。このトレーニングを継続的に反復し、知覚速度と頭の回転を速くしよう。

大きい	安い	清潔	深い	下	早い	簡単
満杯の	良い	幸せ	重い	ここ	高い	熱い
明るい	長い	うるさい	多い	新しい	豊かな	右
安全	柔らかい	強い	背が高い	厚い	暖かい	湿った
妻	若い	なめらかな	面白い	外側	粗い	穏やか
太った	速い	遠い	広い	勇敢な	おびえた	座る

よくぞここまで頑張ってくれた。長い時間をかけて訓練を重ねてきた諸君、君たちの記憶力は間違いなく強化されている。それだけでなく、情報を扱う能力、タイムマネジメント力、コミュニケーション力も向上しているはずだ。これで終わりにせず、今後も本書の演習を継続してくれたまえ。電子機器の使用は控え、どんどん記憶力を働かせよう。そうすれば、これからも知能を維持し、さらに向上させることができる。

本書では、情報を扱うために必要なテクニックに加え、諜報機関で使用しているコミュニケーション手法も説明した。なかには危険なものもあるため、使用する際にはくれぐれも注意してくれたまえ。

さて、次頁の人物情報をどれだけ思い出せるだろうか？

極秘

アルバレス／フィンケは懲役25年の刑に処せられ、獄中で死亡した。

Ａ・Ｎ・シモノフ（「シモニデス」）は第２総局の分析官になり、同僚と結婚した。他国の諜報機関がシモノフの勧誘を策謀。シモノフは当局の承認を得てこれを受け入れ、長年にわたって二重スパイとして活躍した。

フランソワ・ルグリは外交官となり、１９６１年にアルジェリアで生涯を閉じた。

今日に至るまで、ドイツ国家保安本部の文書は機密解除されていない。コバレフの学位論文は他の学生が後を継ぎ、シュルツの自律訓練法だけにテーマを狭めて完成させた。

ベルンシュタインが見つかることはなかった。

記憶力テストの解答

①p.26　B）
②p.30　C）
③p.49　B）
④p.61　B）
⑤p.66　B）
⑥p.82　A）、C）、D）
⑦p.111　B）
⑧p.122　B）
⑨p.149　D）
⑩p.172　考古学者、ミハイル、ロストヴェツ
⑪p.192　C）
⑫p.204　B）
⑬p.227　C）
⑭p.250　B）、C）
⑮p.272　C）
⑯p.289　B）、C）
⑰p.304　A）
⑱p.328　B）、F）
⑲p.340　D）

●著者プロフィール
デニス・ブーキン
経済学者、経営者、心理学者。サンクトペテルブルク工科大学経済学部卒。ロシアのコンサルティング会社・Empatika社の共同経営者でありコンサルタント。

カミール・グーリーイェヴ
写真家。現代美術学校「インディペンデント・ワークショップ」(モスクワ市近代美術館主催)を修了。

●訳者プロフィール
岡本 麻左子(おかもと まさこ)
大阪市出身。関西学院大学社会学部卒。外資系会社勤務、コピーライター、米国留学等を経て、2003年から翻訳家・ライターとして活動。現在は有限会社ティーエーシーの翻訳者・コーディネーターも務める。
contact@tac-inc.biz

SPY SCHOOL - TRAIN YOUR MEMORY LIKE THE KGB
KGBスパイ式記憶術

2019年2月15日　第一刷発行
2019年3月5日　第三刷発行

著　者	デニス・ブーキン カミール・グーリーイェヴ
訳　者	岡本麻左子
発行人	出口 汪
発行所	株式会社 水王舎 〒160-0023 東京都新宿区西新宿6-15-1 ラ・トゥール新宿511 電話03-5909-8920
本文印刷	大日本印刷
カバー印刷	歩プロセス
製本	ナショナル製本
本文イラスト	みろかあり
本文デザイン	冨澤 崇
カバーデザイン	福田和雄(FUKUDA DESIGN)
編集協力	編集企画CAT、織田千佳子
編集統括	瀬戸起彦(水王舎)

Printed in Japan　ISBN978-4-86470-114-3 C0095